走向"新学校"变革的 77 个案例

李红梅　主编

中国海洋大学出版社
·青岛·

图书在版编目（CIP）数据

走向"新学校"变革的77个案例／李红梅主编．—
青岛：中国海洋大学出版社，2021.6
ISBN 978-7-5670-2863-0

Ⅰ．①走… Ⅱ．①李… Ⅲ．①中小学教育－教育改革
－研究 Ⅳ．① G632.0

中国版本图书馆 CIP 数据核字（2021）第 138444 号

走向"新学校"变革的 77 个案例
ZOUXIANGXINXUEXIAOBIANGEDEQISHIQIGEANLI

出版发行	中国海洋大学出版社			
社 址	青岛市香港东路 23 号		**邮政编码**	266071
出 版 人	杨立敏			
网 址	http://pub.ouc.edu.cn			
订购电话	0532－82032573（传真）			
责任编辑	王 慧		**电 话**	0532－85901984
电子信箱	shirley_0325@163.com			
装帧设计	青岛友一广告传媒有限公司			
印 制	青岛澳舟印务有限公司			
版 次	2021 年 8 月第 1 版			
印 次	2021 年 8 月第 1 次印刷			
成品尺寸	185 mm × 260 mm			
印 张	11.25			
字 数	233 千			
印 数	1—1000			
定 价	58.00 元			

发现印装质量问题，请致电 13906393461，由印刷厂负责调换。

前 言
PREFACE

　　李红梅名校长工作室从 2018 年成立至今,在青岛市教育科学研究院的直接领导下,通过理论专家和实践专家的"双维度"指引,按计划顺利完成了预设的培训提升任务。三年来,工作室成员在主持人李红梅校长的带领下,完成了专著研读、名校访学、校际交流、报告撰写等一系列任务,收获颇丰。

　　工作室的研修即将结束,在主持人的召集下,全体工作室成员基于自己三年来的学习与思考,结合各自学校的特色,围绕"新学校变革"这一主题,从"管理体系变革""育人体系变革""教学变革""课程体系变革""评价体系变革""九年制衔接项目改革"六个领域梳理了 77 个案例来体现实践成果。望教育界同行对于工作室在"新学校"变革领域的各种尝试进行指正。

编　者

2021 年 4 月

目 录

CONTENTS

|| 管理体系变革篇 ||

‖ 育人体系变革篇 ‖

‖ 教学变革篇 ‖

‖ 课程体系变革篇 ‖

‖ 评价体系变革篇 ‖

‖ 九年制衔接项目改革篇 ‖

管理体系变革篇

案例1

民主管理,让教师成为学校的主人

山东省青岛第五十中学

一、完善相关人事制度,评优选先有据可循

随着"三定一聘"工作的开展,与之相应的人事制度也修订并出台。"三定一聘"实现了教职工工作岗位、岗位工作量、岗位职责和岗位人员"四清晰"。我校以此为依据,严格岗位、工作量、岗位职责管理,统筹规范教职工病事假管理、晋职称与晋岗管理等相关工作,完善教职工考核体系。教职工申报职称、竞聘专业技术岗位、参加评优评先、考核时参评优秀等次,均需依照新规参加评聘。

(一)职称推荐、岗位晋升制度与教育教学工作紧密结合

根据《关于做好 2020 年度青岛市中小学教师、基层中小学教师、中等职业学校教师和实验技术职称评审工作的通知》(青教办字〔2020〕88 号)和《青岛市市北区教育局局属事业单位岗位内部层级竞聘指导意见(试行)》要求,我校结合本单位实际,广泛听取广大教师的意见和建议,制定了职称推荐岗位竞聘工作方案。我校根据调研中教师提出的建议修改了方案,除了 70 分基础指标外,对 30 分自主指标一一核定,提升了"十个一"项目相应指标的分值,设立了与"全员育人"教育思想相应的加分项目。例如,在相关工作年限中,对辅导员年限明确规定,与班主任年限、干部年限平行赋分,表现了我校对社团工作的重视、对学生艺体综合素养提升的重视。另外,对辅导特长生使其取得成绩的教师也按照辅导人次赋分,极大地鼓励了教师开展多元化教育,向素质教育又迈进了一步。

(二)评优选先制度化,考勤管理人文化

根据"三定一聘"相关要求,我校结合工作实际,重新修订了《青岛第五十中学年度考核意见》(2019 年 2 月 20 日学校教代会十一届一次会议通过,〔2019〕6 号)、《青岛第五十中学教职工考勤管理制度》(2019 年 2 月 20 日学校教代会十一届一次会议通过)、《班主任考核方案》(2019 年 2 月 20 日学校教代会十一届一次会议通过,〔2019〕4 号)、《青岛第五十中学推荐支教人员方案》(2019 年 2 月 20 日学校教代会十一届一次会议通过,〔2019〕7 号)等一系列人事制度。这些制度既体现了制度化管理的要求,又能结合实际体现人文关怀,得到教师的大力支持。

在考勤制度中,我校为解决教师临时突发事件处理,设立了应急福利假。应急福利假每月合计半天,按照病事假计入年度请假总时长,用于年终考核、评优、晋级晋岗等数据汇总;请应急福利假不扣当月考勤奖,不影响学期全勤奖发放;教师请应急福利假,需要提供相关有效证明。应急福利假为解教师燃眉之急提供了政策保证,让他们感觉暖心。

而评优选先的相关政策也越来越规范、透明，无论是年度考核还是推荐先进工作者，我校都有一套量化表格，参选人员只需要将自己的相关业绩填入表格量化赋分就可以知道是否获得资格，避免了论资排辈、暗箱操作等不规范行为。制度让大家心里都装有一杆秤，称量了别人，也称量了自己，对自身的优势和劣势透彻地分析，对自己的努力方向也非常明确。主动请缨的教师越来越多，他们争当班主任，抢着做为大家服务的工会小组长。依法治校的格局渐渐成型。

二、优化绩效考核，体现优劳优酬

在2019年薪酬改革工作中，根据《青岛市中小学校教职工薪酬制度改革试点指导意见》（青教通字〔2019〕54号）和上级新的绩效工资政策精神，结合我校实际，我校拟定了《青岛第五十中学奖励性绩效工资实施方案》。

（一）配合"三定一聘"工作，合理定岗、定责、定量

在2019年薪酬改革后，绩效工资组成发生了巨大变化。奖励性绩效工资的总额分为两部分：第一部分按人均1020元/月拨付，全部用于工作量津贴发放；第二部分每年比照公务员工资总额补全差额，主要用于工作业绩考核。课时津贴翻了近一倍。

在调研中，有教师提出，"三定一聘"对教师和兼岗教师课时量定位较低。还有教师提出，教师课时量不应统一标准，因为岗位职责和工作量不同。我校调研后，决定给责任大、工作量大的岗位增加岗位补贴，该决定经支委会、办公会、教代会表决一致通过。

可以看到，课时量津贴占绩效工资的大部分，班主任和干部津贴也占较大比重，有效地鼓励教师积极工作。考核奖涉及考核师德和考勤，有利于减少违反师德和无故请假情况的发生。

（二）绩效考核重实绩，多劳多得提效率

我校奖励性绩效工资的发放，与教职工的岗位职责履行情况和业绩、贡献紧密结合，实现报酬与教职工的岗位责任、工作量、工作质量挂钩。这部分工资包含课时津贴、考核奖、岗位津贴、学期绩效考核奖及校长基金。

（三）年终考核重团队，公开透明力度大

在年终考核中，我校增加了多个团队项目津贴的核发，比如，优秀教研组津贴、优秀集备组津贴、指导教师津贴。中考奖按照班级捆绑总成绩和集备组总成绩核发。进步奖按照年级在区级测评中进步名次核发。学习强国奖励按照学科组总成绩核发。教师在团结合作中见到了实效，获得了利益。有的项目无法量化，就采用第三方评价。

对获奖的教师和对学校教育教学改革做出突出贡献者，校长提议，办公会研究决定核发突出贡献奖。学校获得集体荣誉奖项后，教师个人辅导的学生获奖后，依据《教职工工作成果奖励办法》，学校开办公会研究确定奖励名单。所有奖项公示赋分。

年终发放绩效工资流程严格按照相关规定，发放明细在全校公示5天，全过程公开、透明。

在 2019—2020 年的绩效考核改革工作中,我们本着按劳分配、效率优先、注重公平的原则,坚持公开透明、规范管理、阳光操作的原则,坚持注重业绩,向班主任教师、一线教师、骨干教师和取得突出成绩的其他工作人员倾斜的原则,优化绩效考核,体现优劳优酬。我们建立了公平合理、公开透明、有效激励、管理规范的学校内部分配制度,更好地调动教职工的积极性。我们创建了一项全方位、多维度保量重绩的奖励制度,在 2019 年人事管理示范点评选中荣获区级示范点称号。

古语有云:致天下之治者在人才。建立有利于优秀教师脱颖而出、充分施展才能的选拔任用机制,让想干事的人能干事,能干事的人干成事,真正做到人尽其才。

案例 2

学校管理者如何做好从经验思维到数据思维的转换

——浅谈学校教育大数据的来源与应用

青岛汾阳路小学

2020 年,新冠肺炎疫情出现后,线上教学成为教育领域最"火"的词,也积累了海量的教育数据。如何从数据中获取有价值的信息,让今后的工作有"据"可依,成为我们基层教育者面对的一个新问题。

一、教育大数据的类型

按照数据的功能来分,教育大数据可以分为四大类:一是基础类数据,主要是学生信息、家庭信息、教师信息等,这类数据的功能相对单一,主要作为信息识别的依据;二是状态类数据,这一类数据标识了基础类数据中具体个体不同属性的状态,如学生的学习能力、教师的教学能力,我们对这一类数据的挖掘较少;三是资源类数据,这是我们在教学中接触比较多的,如课程视频、课件、教学软件,这类数据的质量往往参差不齐;四是行为类数据,这类数据是线上或线下对个体教学行为的数字化描述,存在很大的挖掘空间,但是我们对这类数据的挖掘往往停留在较为简单的层面。

二、与教学相关的教育大数据

在一线教学中,教师往往关注与教育教学关系最为密切的数据。这些数据主要有以下几种。

1. 学力程度数据

这是教师最熟悉的数据,如学生的考试成绩、方差、小题得分。这体现了学生的学习能力或学习能力的历史变化趋势。教师可以挖掘得细一点,挖掘出学生的学习困难点、学习经历等信息。

2.学习行为数据

这类数据主要包括线上学习的时长、参与讨论的频次、学习任务的完成情况等。我们可以把这类数据分解为努力程度数据（来自学生对题目从错到对的尝试时间、次数等）、学习态度数据（来自学生做题总用时的均值对比、是否改错等）。

3.知识地图数据

我们可以通过学生对不同属性的题目完成情况，获得学生对学习程序的完成状态、概念掌握状态、能力达成状态、相关知识掌握等信息。

4.家庭（同伴）支持数据

我们可以通过 IP 地址的记录了解学生是否有稳定的学习场所，通过学生错题订正情况了解家长（同伴）的助学能力，通过学生作业完成的时段和时长，了解学生学习是否有家长监督。

三、教育大数据的价值

教育大数据的价值可以通过以下几方面来体现。

1.进行学情预测

（1）学困预警：我们可以针对学习行为数据中表现出的"胡乱答题（用时明显小于均值）""死活不会（多次提交仍然错误）""知错不改（错题的改正没有完成）""边玩边学（小题或相邻日期作业用时差异大）"等情形，对"学困生"提前进行学习干预。

（2）教学干预：对于学习行为、学力结构出现群体性偏差的班级的教师进行专业提醒。避免教师教学能力和经验不足造成的损失。进一步实现通过教学内容选择适合的教师，为学习能力不同的学生选择不同的学习指导。

2.绘制学习模型

学生的学习过程本身就是一个"黑箱"，教师很难获得内部的学成机制。但是教师可以通过学生的学习经历等数据，为学生找到合适的学习方式，绘制出个性化的学习模型。

3.为个性化学习提供可能

当我们将校内学习的数据与线上学习的数据进行联合分析时，我们会获得具有每名学生 ID 的学习"小数据"。我们可以将"小数据"绘制成家长能看懂的"可视化学力图表"，将图表提供给有需要的家长，让家长有参考，以此打通学生校内外的学习通道，有效避免学生的学习内容重复等情况的发生。

四、教育大数据的应用困境

当前教育大数据的应用存在困难的主要原因有两个：一是教育管理者的经验思维与数据思维存在冲突。这种冲突导致教育管理和决策行为不断走样。二是我们缺少有经验的数据挖掘者。数据挖掘者需要积累教育理论、基层教学管理经验，具有数据统计、机器应用、绘制学习模型图、信息隐私保护等专业技能。

综上所述,教育类数据很多,让数据产生价值的路径也很多,但是最关键的是挖掘数据的人,他们头脑中的"算法"是决胜未来学校教育乃至区县教育的关键因素。让我们一同努力建构"数据思维"吧。

案例3

管理制度变革,让学校更精致

山东省青岛第五十中学

俗话说没有规矩不成方圆,作为一个具有社会教育功能的单位,学校在不断改革和发展的过程中必然经历了管理制度的不断健全和完善,不断走向民主化、法制化、人本化。管理制度变革的生命力在于正向激励,"我劝天公重抖擞,不拘一格降人才"。面对现在,着眼于未来;打造适应乃至引领社会发展的人才,成就具有教育情怀的名师,会让一个学校变得更加鲜活、更加精致。

现代学校制度建设是我国教育改革发展的重要内容。《国家中长期教育改革和发展规划纲要》对学校制度建设提出了明确要求和实施路径。教育部发布的《依法治校——建设现代学校制度实施纲要(征求意见稿)》,论述了依法治校的重要性和紧迫性,阐述了依法治校的目标和总体要求,那就是提高教育建设质量,形成以章程为核心、自主管理的制度体系;建立健全科学民主决策机制,完善学校治理结构;推进信息公开,健全民主监督;依法办学,形成平等、自由、公平、公正的育人环境;规范管理权力,尊重师生主体地位;健全校内权利救济制度,形成便捷有效的纠纷解决机制;深入开展法制宣传教育,形成浓厚的法治文化氛围;转变管理观念,切实提高依法治校的能力与水平。

制度要与人的思想相统一,与人的行动相结合,才有其存在和发展的意义。所以切实转变思想观念是制度生根发芽的关键,会为精细化管理催生强大的精神动力。进行任何变革,理念先行,只有思想上认同了,大家才能主动参与,才会用心,才会做得精致。

校长以及学校的各级管理干部,通过组织教育教学工作,积极引导教师参与管理和提高认识,使他们看到学校的发展蓝图,并将此与自己的目标以及行动相结合,这会使学校管理走向精细化。管理过程首先呈现出紧、严、约束,然后呈现出细、实、规范,最终才能逐步呈现出激活、放开、再发展的过程。在学校的工作中,每个人各司其职,大家形成了合力,才会出现局部之和大于整体的效果。这就是管理的魅力所在。

有人认为精细化管理就是将细节抓"死"、"死"抓,片面地认为管理就是用制度管人。其实不然,管理是为了满足人的需求。管理制度的生命力在于变革,变得更凸显"因人制宜、因时制宜",更讲究实效性,从物质和精神上满足人的多样化需求。管理在真正实施之初,更多的是一种规范与引导。大家对制度的学习、接受或质疑、讨论、交流会促进自己对制度管理的理念的认同。学校实行制度变革的核心就是要形成一套更有效的制度体系，形成健康、高效的运作机制，剔除一些不适合发展的因素，完善必要的保障机制。大家在更完善的制度中达成更多的共识，工作效率也会提高，制度的运行成本反而越来越小，这就是精致。

案例④

现代化教育设备倒逼教师自我提升

山东省青岛第五十中学

随着教育形势的发展和基础教育改革的不断深入，现代化教育手段蓬勃发展。现代化的多媒体设施已被普遍使用，而我校在 2018 年暑期之前，还在使用投影仪、白板、计算机形式的班班通设备。陈旧的设备无法调动学生的学习兴趣，画面的清晰度不高，对学生的视力也会产生损害；教师在教学资料的制作、收集上花费了大量时间，影响了教学效率。为此，我校克服经费紧张的困难，购买了 7 台先进的教学设备——触控一体机。新设备稳定，反应速度快，节省空间，轻松实现手写文字、绘图加速等功能，让教师有了更加得心应手的教学工具，提高了课堂效率，还让教师和学生在课堂上有了更多交流与互动。新设备全高清显示的特点，也有效地保护了学生的视力。我校克服各种苦难，节约资金，两年时间内分三批购置，让所有班级都使用上了现代化的触控一体机教学设备。

过去让教师接受一项新技术总有难度，特别是老教师。但是触控一体机前期的使用效果激发了教师学习的欲望，正所谓"不用扬鞭自奋蹄"。教师听专家授课时专注度极高，与专家积极互动，还与同事互帮互助，学习使用现代教学设备。

教育信息化具有教学多元化、内容多样化、载体数字化等特点。低成本、高效率的信息化学习模式越来越受推崇。录播教室系统的安装可以让教师的教育教学变得更加有趣生动。2018 年，青岛第四十三中学撤校，所有教学设备要进行调拨。我校第一时间和教育局相关领导进行沟通，申请将录播教室调拨给我校。我校筹集十几万元资金，创造条件，完成了录播教室的基础建设、设备安装与调试。使用录播教室，大大降低了课件制作成本，节省了课件制作的时间，促进了校内、校际的教研交流，更利于积累优质教学资源，为学生自主学习开辟通道。录播教室是精品课堂、名师课堂最好的录制平台。现在，我校教师录制各种展示课再也不用去别的学校求助了，都在我校的录播教室进行。教师上课的心情更加放松，大大提升了上课的效果。

新设备的更新换代倒逼教师认真学习现代教学设备的使用技术，大大提高了课堂效率，提升了教师自我教育能力。

案例5

暖心小工程唤醒师生爱校情

山东省青岛第五十中学

一所老校,如果不及时更新环境和设施,就会给人以消沉之感,更难以满足教育教学需要。2018 年 8 月,我校改善了后勤服务。"兵马未动,粮草先行",后勤工作是学校教育教学工作正常开展的保障。后勤工作要做到周到、细致,加强服务意识,这可以提高广大师生对学校的认同感、归属感。把师生的呼声当作第一服务信号,把师生需求作为第一选择,把师生满意当作第一标准,这是校长对学校后勤工作的基本要求。

俗话说"民以食为天",留住师生的胃也就留住了师生的心,所以第一项整改项目就是食堂改造。我校购置了蒸箱、烤箱、洗碗机、切菜机、消毒柜等设备,合理调整加工间布局,做到安全、规范。食堂的工作人员调整配餐食谱,保证饭食的营养搭配合理,花样多,为学生、老师制作精致的早、午餐。

我校的供暖设施于 1999 年投入使用,供暖方式为我校燃油锅炉自行供暖。我校于 2003 年进行了管道改造,接入市政管网,拆除原有燃油锅炉,继续使用其他供暖设施。老管道和集中供暖设施不匹配,经过多年使用,供暖管道时常出现跑、冒、漏、滴及堵塞现象,影响管道内热水循环,供暖效果极差。为了给全校师生提供温暖的工作、学习环境,保证冬季供暖效果,我校于 2019 年年初向教体局提交了改造申请,自行解决资金,于 2019 年暑期进行了实习楼的暖气管道改造。于是,师生再也不用守着暖气片挨冻了。

塑胶跑道年久失修,胶层已经与水泥基底脱离,有的基层已暴露,安全隐患很严重。我校经反复向上级申请,最终得到资金支持,于 2019 年暑期完成运动场地的更新。校园旧貌换新颜。

2020 年的疫情使很多人养成了良好的卫生习惯,勤洗手便是其中之一。2020 年的冬天气温特别低,师生洗手的时候感到冰凉刺骨。有老师提出了合理化建议,我校决定购买并安装加热水龙头。这种即开即出热水的水龙头,不仅温暖了师生的双手,也温暖了师生的心。

2020 年夏天,我校扩班,新的教室里没有空调。我校领导考虑到夏日炎炎,在这样的教室里上课,师生会很辛苦,会影响教学效果,决定安装空调。因为没有采购计划,所以无法及时采购。我校决定将办公区域的空调移机到教室,虽然干部们艰苦一点,但为教师授课、学生学习提供了舒适、清凉的环境。

学校的绿化管理的优劣,会影响到每一个进入学校人员的直观感受。绿植修剪外包给园林公司的费用高,我校吃不消。另外,学生的课桌椅由于使用时间长,破损度高,需要反复焊接维修,找主业公司费用也高。为保证校容校貌整洁,让校园充满生机,我校挖掘保安、保洁师傅们的劳动潜能,由他们来分包管理我校的绿化和维修。师傅们欣然接受,对学校绿植进行浇水、剪枝,精心护理,哪里有破损哪里就有师傅们的身影。同时学校为了培养学生的劳动意识,把一部分花圃的养护工作分包给各个班级。

师生看着优美的环境,舒适的办公室、教室,先进的教学、办公设备,自豪之情油然而生,每一个人都像爱护自己的家一样爱护学校。

案例⑥

人事制度变革,实现队伍优化

山东省青岛第五十中学

为进一步贯彻落实《中共中央 国务院关于全面深化新时代教师队伍建设改革的意见》(2018年1月20日),加强新时代教师队伍建设,优化专业技术岗位设置,完善教师评价机制,加大人才引进力度,我校近年来在岗位管理、职称推荐、内部岗位晋升和薪酬改革等人事管理工作中不断改革创新。

一、优化岗位管理办法,"三定一聘"落实到位

根据《关于印发〈全市中小学校"三定一聘"工作指导意见〉的通知》(青教通字〔2019〕52号)和《关于印发〈青岛市中小学校教职工薪酬制度改革试点指导意见〉的通知》(青教通字〔2019〕54号),结合区教体局相关会议精神和我校实际,自2019年至今,我校在全体教职工中开展了定工作岗位、定工作量、定工作职责、全员竞聘(简称"三定一聘")工作,极大地提高了教师的工作积极性,做到了人人有事做,事事有人管。

(一)加强组织领导,优化岗位设置

开展"三定一聘"工作是新时代教师队伍建设改革的重要内容,也是深化"县管校聘"管理改革的重要举措。2019年暑假,我校制定了切实可行的工作方案,稳妥推进相关工作,确保"三定一聘"工作平稳过渡。截至2019年9月全校学生总数为919名,在职教职工有83名。依据我校教代会审议通过的《"三定一聘"工作实施方案》,2019—2020学年总岗位数为80个,其中管理岗位3个,教师岗位73个,教辅岗位3个,工勤岗位1个。这完全符合上级对学校岗位设定的要求,且保证每位老师满足基本工作量要求,无人低聘、落聘,实现了平稳过渡。2020年暑假,在前一年"三定一聘"工作的基础上,我校进一步深化改革。经过调研,我校修改了岗位设置方案,特别是对职员及兼岗职员的岗位设定多次修改,避免了因人设岗,使职员及兼岗教师岗位职责更加明晰,工作量趋于合理。例如,在设定实验室管理岗时,我校综合考虑物理、化学、生物三科老师的课时量需求,让课时量不满的老师兼管实验室,不再专设管理员,既满足了老师的课时量需求,又节省了人力资源。

(二)履行竞岗程序,优化人力资源

"三定一聘"工作为优化人力资源提供了有力保障。"三定一聘"方案严格规定了竞岗程序。在直聘程序中,竞聘领导组研究确定直聘人员名单。人员包括班主任、教研组长、备课组长,以上人员组成各年级选聘委员会。各年级选聘委员会根据个人申报材料讨论评议,综合考虑申报人工作业绩后,提出聘任建议,报学校聘任委员会审议后予以聘任。凡不属于直聘、选聘、试聘的教职工,均需参加竞聘。竞聘人员要进行述职。各年级聘任工作小组对竞聘人员的德、能、勤、绩进行测评,根据干部评议和民主评议结果,确定聘用意见。经竞聘仍没有聘用的人员落聘或待聘。在这一系列竞岗程序中,有个别老师因工作态度、工作能力、个人需求等原因落聘,调整了工作岗位,让有能力的老师发挥出更大的作用,优化了人力资源配置。

两年来,我校不断完善"按需设岗、竞聘上岗、按岗聘用"的教职工岗位管理机制,落实工作量(课时量)在教职工职称评审、岗位聘任、考核评价、绩效工资分配等方面的权重;进一步明确教职工岗位数量及岗位职责;有效落实岗位能上能下、人员能进能出的人事管理体制,激发教职工的工作积极性,提高人力资源使用效益,促进现代学校制度建设,切实提升办学质量和水平。

案例 7

管理制度变革走向法制化、民主化和人本化

山东省青岛第五十中学

一、管理制度的法制化变革

在《中共中央国务院关于深化教育改革全面推进素质教育的决定》(中发〔1999〕9号)和《国务院关于基础教育改革与发展的决定》(国发〔2001〕21号)的文件精神指引下,新的一轮基础教育改革开始。科教兴国战略的确立、依法治国方略的实施使得基础教育发生了翻天覆地的变化。

《中华人民共和国教育法》《中华人民共和国义务教育法》《中华人民共和国教师法》《中华人民共和国未成年人保护法》《中华人民共和国预防未成年人犯罪法》《学生伤害事故处理办法》《国家中长期教育改革和发展规划纲要(2010—2020年)》《中小学教育惩戒规则(试行)》等教育相关法律法规的发布、修订和实施为规范教育者和受教育者的权利、义务提供了法律依据,为教育改革和发展指明了方向。

新型的师生关系更加倡导平等和民主,体现学生的主体地位,凸显教师的主导地位。学校在近年来的教育教学管理中不断摸索,形成了《青岛五十中课堂教学"六环节""三要素"实施细则》《青岛五十中"十个一"工程实施方案》《青岛五十中全员育人导师

制实施方案》《青岛五十中三好学生、优秀学生干部、优秀团员评选办法》等系列教育教学改革文件,旨在通过规范和细化教育教学行为,促进学生的全面和谐发展。

为保障上述学校系列制度的落地实施,学校配套修改了《青岛五十中奖励性绩效工资实施方案》《青岛五十中教师职称评审方案》《青岛五十中年度考核意见》《青岛五十中岗位竞聘方案》中的相关条款。

二、管理制度改革的民主化

在学校工作中有相关具体要求的,必有相关考核;有考核的,必有便于操作的细则。考核的结果除了及时反馈外,还作为各种评优评先、工资、绩效的可视化依据,体现了按劳分配、优劳优得的原则。全员参与制定考核细则,反复酝酿,做出一系列的调整。在此过程中我们引导教师学会反思,学会自我总结,进一步提高认识,更新观念,不断改进教学行为。

在管理体制上,学校体现了参与原则,使教师、学生、家长都能参与到学校的发展规划和教学管理制度的制定、教育教学常规管理中来。学校校务委员会中有关心教育工作的"各路精英",包括优秀教师以及家长。各级家委会每周都到学校陪餐、值班,参与校长接待日活动。针对大家对每一项工作提出的意见和建议,学校不但及时予以回应,而且在后期会对相关制度进行再修订,使之更加完善,这样才能实现学校教育的民主化。

三、管理制度的人本化

在制定学校管理制度时校领导考虑到了广大教师的需求,深入教师队伍,同教师谈话,从每位教师的个性、爱好、特长、能力水平,特别是内心需求进行了先期调研。学校制定的制度切实可行。学校的制度最大程度满足了大多数教师的需求,所以实行起来不会有太大的障碍,而且调动了广大教师的主动性和积极性,使大家积极地、全身心地投入工作中。

校领导积极搭建教师发展的平台,积极建设和打造各级名师队伍。学校通过建立《青岛五十中进修培训制度》,为教师进修学习提供了制度保障。《青岛五十中骨干教师管理制度》鼓励和支持教师通过课题研究、课堂教学展示、各类竞赛提高自己的专业水平。学校通过管理制度充分挖掘了教师的潜能,用"我以五十中为荣,五十中因为我而骄傲"的理念激发教师的归属感和主人翁精神。致力于教师的发展体现出学校管理制度的人性化。

学校的良好管理体现了校长、干部以及每一位教师的责任心和严谨、认真的处事态度。制度是大家共同努力"做"出来的,也只有大家共同努力躬身实践出来的制度,才能具有生命力。学校制度改革在于求真做实。十年树木,百年树人,教育工作者要立足当下、着眼未来,具有藏巧于愚的精神,使学校的管理更加到位!

案例⑧

丰实"一得"文化，为学生健康发展奠基

青岛长沙路小学

校园文化汲取了社会文化的精华，融合了学校的特色，是学校特有的精神境界和文化氛围，影响了学生的人生观和价值观，非常重要。青岛长沙路小学秉承"一得育人"理念，着力构建"一得育人"文化体系，以文化的不断深入促进学校不断蓬勃发展，全面助力学生健康发展。

一、坚持内涵发展，精神文化求"深"

"一得育人"作为学校文化品牌，有其深刻的内涵。"一"为基石，"得"为助力，日积月累，终有所成。"一得育人"启迪师生，以"积跬步，致千里"的信念，在学习、生活中，日有所思、日有所得，并将其转化为提升的动力，从而达到每日新、日日新的境界！

一是完善"一训三风"，实现精神引领。校训"一得日进，修德日新"突出"一得育人"的培养目标。"一点一滴一得，日省日臻日新"作为校风，与"一得育人"文化理念一脉相承。"进德修业，乐教善教"的教风，突出德业双馨。"勤思善问，以求一得"的学风，传达给学生一种受用终生的学习态度。

二是设计文化标识，凸显办学理念。学校文化标识将"一得"以篆书的形式置于徽标中心，寓意学校文化理念根植于传统的中华文明之中。红、黄、蓝三原色寓意校园生活丰富多彩。风车形状的叶轮旋转不停，寓意全体师生自强不息、奋斗不已。

三是建设环境文化，育人细致无声。"一厅一特色"的大厅文化、版块化的 DIY 走廊文化、楼梯文化丰富多彩。"乘风破浪"帆船景观路、"无难事"攀岩墙……使校园园景文化彰显活力。

四是打造班级特色，丰富文化内涵。各班凝练风格迥异的班训，建立班级文化积累册，设置班级信息栏……"好伙伴""诗意童年"等特色班级文化发展起来，散发出各班独特的人文气息。

二、坚持特色为先，课程文化求"真"

一是全面打造生本课堂。深入探索"三阶一链，任务导学"课堂教学模式，构建"生本课堂"，实施生本教育，取得了一定的成效。语文学科的单元内整合课、数学学科的课前小研究、英语课的生生互动，从不同角度呈现了生本教育理念下的学科特点。

二是着力构建特色课程体系。学校完善了课程结构，开设自主化、多元化的个性课程，促进学生的全面发展。学校开设了"木工""舞狮"等适合男生的课程和"缝纫""发艺"等适合女生的课程。同时，学校还开展"书法学习进语文课堂""游泳学习进体育课堂""乐器(口琴、葫芦丝、尤克里里、排箫等)学习进音乐课堂"，收到了很好的成效。

三、坚持素质培养,活动文化求"实"

一是立足主题,培养学生的良好道德。学校以"得于方寸,集美日新"为主题,将学校文化和道德教育紧密融合,制定《养成教育目标体系》与"好习惯菜单",通过"美丽言行加分卡""集美日新微型班会""好习惯展示节"等途径,帮助学生将好习惯在校园生活中内化为自己的言行举止。

二是立足实践,培养学生体验发展。学校采取"校级活动主题化、班级活动个性化、家委会活动自主化"的策略,通过"班级社会实践集中活动日"、组建"探宝家长联盟"等形式,引导学生走进社区"邻居节"、投身"浒苔清理大作战"、参观炮台山等。

三是立足评价,培养学生全面发展。学校构建了"一得方寸间"的评价体系,通过"集邮"的方式从德、智、体、美、劳五方面对学生进行评价。学生只要集齐相应数量的"一得快递"小邮戳,就可以换得同款的"邮票"一枚,并统一收集在人手一本的"一得方寸间"中。

总之,"一得育人"文化品牌的凝练和不断深入,为学校的纵深发展注入了新的活力,让教师幸福乐教,让学生自信乐学,为学生的健康发展奠定了坚实的基础。

案例9

改变学校生态的实践与思考

莱西市姜山镇泰光中学

莱西市姜山镇泰光中学是一所普通的农村中学,生源基础较差;由于学校偏远,教师流失严重,教师流失导致学校教师缺编严重,一线教师工作量偏大;骨干教师缺乏,学科结构不合理,学科教师没有梯队建设。由于上述原因,学校教学质量长期在低位徘徊,教师工作积极性不高。整个学校气氛沉闷,教师和学生的精神状态不佳。

经过一段时间的调研和思考,我校领导班子形成共识,要改变现状,推动我校发展,首先要改变我校生态,打造积极向上的校园文化。问题的关键在教师,要在学校层面形成一种合作的氛围。第一,要有精神层面的引领,强化教师的责任意识,激发其担当精神。第二,要有适度的危机意识,把我校打造成命运共同体。教师要有忧患意识,校兴我荣,校衰我耻;要明白,教育只能成功,不能失败,因为事关学生的健康成长、千百个家庭的前途命运。第三,要建设良好的制度,充分发挥制度的引领作用。

一、凝聚人心,重塑泰光中学教师精神

(1)我们提出"学校,是我们共同的家园"的办学理念,致力于将我校打造成全体师生的"命运共同体"。我们将办学目标确立为办更有质量、更有温度的教育,做更有责任、更有情怀的教师,让学生的发展更全面、更有个性,让学校更有特色、更有内涵,"努力让每个孩子都能享有公平而有质量的教育"!

（2）我们充分认识到教师是学校最宝贵的资源，坚持"教师第一"的工作观。在工作中秉持"尊重教师、信任教师、团结教师、成就教师"的理念，为教师搭建干事创业的平台。

（3）我们倡导"泰光中学教师精神"，树立教师的良好形象，打造一流的教师团队。

泰光中学教师精神：有格局，有境界，有情怀，有追求。

有格局：能站在全局角度，正确看待学校在莱西教育中的位置。

有境界：积极克服工作和生活中的困难，乐于奉献，甘于付出。

有情怀：富有教育理想，关爱学生，对学生的成长和未来负责。

有追求：有"干一流工作，创一流业绩"的雄心和勇气，并付诸行动。

二、加强学校制度建设，充分发挥制度的引领作用

第一，我们重新修订了两个关键制度：教师考评办法和班级考评办法。教师考评办法主要解决"应该怎么当教师的问题"，班级考评办法主要解决"应该怎么培养学生的问题"。

第二，我们重新制定了几个配套制度：出台校务委员会议事规则，成立教师评议委员会，建立工作约谈制度，制定中层干部评价办法、优秀教师表彰办法，保证工作的顺利开展。

三、调整学校工作运行机制

第一，我们建立了"中心"管理体制。加强学校层面统筹领导力度，设立督导评估中心、教学管理中心、学生发展中心、后勤服务中心，分别由我校主要领导分工负责。突出教学研究及管理，突出学生发展及管理，狠抓工作落实。

第二，工作重心下移，扎实推进"级部主任负责制的级部管理"。将"级部管理"作为推进我校工作的主要渠道；确立级部主任在级部工作中的主导地位，打造以级部为单位的有凝聚力、战斗力的教师团队。

第三，我们推行值日校长负责制。该制度经过不断的实践和完善，现在已经成为我校日常管理的主要抓手。值日校长记录表分为早上、上午、中午、下午和汇总等板块，内容有早读值班教师考勤、教师上课、学生听课、课间纪律、午餐秩序、午间值班、午学秩序等。每天有两名中层干部做值日校长，依据记录表所列内容，检查并进行管理，在每周校务会上进行总结。

四、坚定不移抓教学，突出教学的中心地位

（一）实施目标管理

核心要义是树立以学生为中心的思想，聚焦学生，发扬团队精神，因材施教，科学施教。

我校对初四年级着重考核三个指标:优质高中录取率、普通高中录取率、高中阶段入学率。

我校对初一至初三年级学生也设定了考核的指标。

(二)抓教师业务能力提升

我校充分利用校内外优质资源,抓好教学研究,促进教师业务能力提升。

(1)我校与青岛第二十八中学签订为期三年的跨区域合作办学协议,主要围绕提高教科研水平,提高课程开发和实施水平,提升干部、教师的专业化水平和能力开展工作。

(2)我校充分利用青岛名校长工作室这个平台,与青岛第五十三中学、青岛第五十中学结为友好共建学校,着眼于师资培训,共同提高教育教学管理水平,不断提高教师业务水平和教育教学质量。

(3)我校认真落实《莱西市初中教学效能提升活动实施方案》要求,着重抓实、抓牢、抓好教研和集体备课,积极在全校教师中开展单元"说课标、说教材、说教学"("三说")活动。这一活动有效提高了全体教师把握课标、教材、课堂的能力。我校有4名教师参加莱西市级"三说"比赛,3人获奖。我校广泛开展青年教师研讨课和骨干教师研究课,加快了青年教师的成长,推进了先进教学理念和思想在课堂落地生根。

(三)抓教学常规的落实

"大道至简,政简易从",我们认为规则越简约透明,落实越有力、有效;既要保证规则的权威性,又不要捆住教师的手脚,让教师能把主要精力放在课堂和学生身上。

我校以《莱西市中小学教学管理暂行办法》和《莱西市普通中小学学科素养培养实施方案》为依托,梳理出《泰光中学学科教学常规要求》,制定《泰光中学关于实施目标管理引领学校发展的意见》,同时简化教学常规检查流程,形成《泰光中学教学常规管理清单》。以《泰光中学教学常规管理清单》为例,我校经过深入研讨,达成广泛共识,把教学常规分为三类:第一类是教学的关键环节,主要是教学规划、教学研究、集体备课、实用教案;第二类是学科必须抓好的,体现学科特点和要求的,比如,语文主要抓阅读和写作,数学主要抓课堂检测和周末作业;第三类为鼓励做好的,比如,鼓励学生整理好理科的错题本。

(四)全面落实"十个一"行动计划,打造充满活力的校园

(1)抓好音乐、体育、美术教学,开展丰富多彩的社团活动和大课间活动,让学生至少学会一项体育技能,掌握一项艺术才能,学会演唱一支歌曲,让学生的个性得以张扬。

(2)抓好语文学科教学,让学生至少精读一本书,记好一篇日(周)记,诵读一首诗词,进行一次演讲。真正做到教学相长。

(3)扎实开展综合实践活动,让学生至少参加一次劳动,参加一次研学,参与一次志愿服务活动,让学生真正认识社会、服务社会。

全员育人导师制的探索与实践

莱西市姜山镇泰光中学

一、全员育人导师制提出的背景

（1）当今网络发展迅速。网络充斥着各种信息,其中一些对学生具有负面影响。独生子女家庭、单亲家庭、重组家庭等难免产生一些家庭教育问题,这些往往会使学生的成长和个性发展受到影响。倘若教师对其重视不够,有些学生的心理将发生变化,甚至行为异常。这些学生需要由学校来教育、引导,导师制应运而生。

（2）素质教育明确把学生的发展置于核心地位,强调的是全体学生的发展,每个学生的全面、主动发展。教师的教育行为不仅是知识的传授,还包括道德教育、心理帮助等。从这一角度来看,导师制切实可行。

（3）班主任是当下教育的重要角色,他们担负着对学生进行思想教育、提升学业成绩、进行生活管理等方方面面的责任。长期以来,班主任虽经不断学习、充实自我,但仍有力不从心的感觉。导师制可以让更多的教师参与对学生的管理与辅导,缓解班主任的工作压力,扩大班主任的后备队伍。

（4）面对面的交流,让学生与教师拉近距离。对讲完课就走、下次上课再来的教师,学生感到陌生;对板着面孔进教室、拉长着脸训斥学生的教师,学生感到恐惧;只有对课前、课后与学生亲切交谈,严肃对待课堂教学的教师,学生才会由衷地喜欢。导师制让教师改变了形象,增进了师生的感情,让学生"亲其师,信其道"。

二、全员育人导师制实施办法

我校制定了《全员育人导师制实施纲要》,细化了《全员育人导师制实施方案》,其指导思想是根据新课程改革对学生培养的新要求,结合办学特色,坚持以人为本,从班主任负责制拓展为导师群体负责制,从教师灌输说教转变为师生平等对话,开展以沟通、理解、帮助为特征的个别教育,进一步有效推进我校的教育教学工作。

（1）导师要在确立受导学生的两个周内熟悉受导学生的各方面情况,包括学生的品德、学业水平、身体素质情况、家庭情况和心理健康情况等,并在导师工作手册中填写学生的基本情况。

（2）导师要坚持每半月至少与学生交流一次,及时了解学生的学习、思想、生活动态,在学习方法、生活、行为等方面及时给予指导,并做好记录。

（3）每次模块考试后,导师必须与受导学生谈心,总结学生在一个模块学习中的情况,解决学生存在的问题,针对学生的学业水平变化等内容填写受导记录。

（4）导师应该加强与学生家长的联系,要因生而异、注重效果。导师每月至少与受导学生家长联系一次,共同探索有利于促进孩子健康成长的有效方法,帮助和指导家长改进家庭教育方法。导师定期或不定期地登门家访,做好家访记录。

（5）每月导师应与班主任研究一次"学情",互相交流每位学生近期的思想、学习、生活等情况,使班级、导师工作更有针对性。

（6）每学期在学期中与学期末,导师要写出自己的导师工作总结,反思与总结学生工作的经验与教训。

三、全员育人导师制实施的成效

1. 教师的教育观念转变很大

在教师普遍感到与学生越来越难沟通的情况下,"全员育人导师制"活动的开展,极大地转变了教师的教育观念。"十个手指有长短",教师能正确地看待"问题学生",遇到问题学会了换位思考;能承认学生的差异,善于倾听学生心声,善于发现他们身上的闪光点,真正实现"教书"与"育人"相结合。教师自觉地把自己从学生的"学业教师"转变为"成长导师"。

2. 师生情感更加融洽

导师不是以"居高临下"的"说教者"而是以学生的朋友、参谋的身份与学生相处,坦诚以待,师生之间建立了积极平等的关系,师生间的感情日渐深厚。

3. 受导学生深深受益

由于情感的投入,学生对导师所任的课程产生了兴趣,学习成绩有了提高。师生之间的沟通也变得轻松和有效多了。以前很多学生见到老师都不打招呼,而现在学生都能礼貌地向老师问好。而学生的逃学、辍学现象也基本绝迹。学生养成了自主学习、自觉守纪的好习惯。

"全员育人导师制"作为推进德育工作的一个有效载体,强调个性化、亲情化、渐进性、实效性,以生为本,因人而异,尊重个性,面向全体。我们把"全员育人"看作一项日常工作、一个研究的课题,对所引导的过程与效果进行记载、分析,撰写个案分析材料,定期开展研讨,促进理论与实践上的交流与完善,不断提高教育质量。在今后的教育实践中,我们将着眼于学生的整体成长发展,关注学生的精神生活质量与个性化学习需求,让学生享受成功的快乐,得到全面、和谐、可持续的发展。

案例11

如何发挥校园文化的育人功能
莱西市院上镇武备中学

校园文化建设是实施素质教育的有效载体,是适应新世纪素质教育发展的需要,是打造学校校园文化精神品牌的需要,更是为学生的全面、和谐、健康发展创造良好环境的需要。校园文化应以鲜明、正确的导向引导学生,以内在的力量凝聚、激励学生,以独特的氛围影响、规范学生,为培养德、智、体、美、劳全面发展的社会主义建设者和接班人营造良好的育人氛围。

一、校园物质文化建设

校园的物质文化环境是校园文化发展程度的一个外在标志,是校园文化建设的基础工程,是对学生进行潜移默化教育的重要组成部分。环境可以造就人、培养人、改造人。学校努力为学生创设一流的学习教育环境,发挥环境育人的作用。

(1)做好校园环境绿化、美化、净化。

(2)努力改善办公条件,新建厕所,修补操场。

(3)校园各功能室干净整洁,无卫生死角,设施更换及时,实验室器材满足学生进行实验的需要。

二、校园精神文化建设

学校努力创造条件,丰富师生的精神生活,让学生在学校感受到学习的魅力、成长的乐趣,使学校真正成为学生的乐园;让教师真正成为学校的主人,视学校为自己的家,在工作、生活中发挥主人翁精神。

(1)校门口放置"不忘初心、牢记使命"和学校简介两块展示板,树立"校荣我荣,校耻我耻"的思想观念。

(2)根据全国文明委创建文明城市的相关要求,在校门口设置社会主义核心价值观、文明出行、关爱未成年人等主题宣传。

(3)让每一面墙壁"会说话"。学校通过张贴宣传画、刷新标语、悬挂名人画像、办板报等形式让学生随时随地接受教育,随时随地受到感染、熏陶。

(4)结合创建文明城市和文明校园活动,切实落实崇礼尚序的校训,让学生从小养成懂礼守序的好习惯。加强对学生的环保和诚信教育,做好学生的思想道德建设。教会学生尊重人、理解人,以诚待人,注重对学生情感价值观的导向。

(5)学校在食堂内外设文化墙,帮助师生树立节约光荣、浪费可耻的理念。

三、学校制度文化建设

(1)学校注重发挥党组织在校园文化建设中的引领作用,成立专门校园文化建设小组,为校园文化建设出谋划策。

(2)学校根据实际情况,合理规划,制定和完善制度,并坚持把管理与服务、民主、制度紧密结合起来,做到人人职责明确,处处权责分明,事事有章可循。

四、活动文化建设

(1)学校以各种节庆日、纪念日为契机,对学生进行主题教育活动。如3月学雷锋活动,劳动节的拔河、跳绳、乒乓球比赛等。在活动的组织过程中,学校力求注重思想性、知识性、娱乐性和实践性的统一,拓宽了学生的视野、培养了学生的活动技能、规范了学生的思想行为,陶冶了学生的道德情操,极大地丰富了校园文化生活。同时,我们把礼仪知识和礼仪实践教育也纳入主题教育的重要内容,让学生沐浴在礼仪的文化氛围中,以行为举止优雅、学识涵养丰富、精神富足高贵为追求。目前,校园内文明礼貌蔚然成风,"老师好""谢谢""请""对不起"等礼貌用语被普遍使用,体现出学生良好的精神风貌和礼仪修养。

(2)学校按照学科课程与活动课程相结合的原则,开展丰富多彩的兴趣小组活动、体艺大课间活动、艺术小课间活动。根据学生的特长和兴趣,组建各种活动小组,让学生自由选组参加活动,形成了"班班有特点、人人都参与"的良好局面,使学生的个性得以张扬,才华得以展现。

(3)学校针对不同学段学生倾向性问题和时代热点文化,举办专题讲座,如"心理健康知识""法律知识",引导学生克服心理障碍,形成积极、健康、向上的心理品质。

校园文化建设工作是一项永不竣工的工程,最终目的是通过润物细无声的教育,建设和谐校园,使每个学生成人、成才。我们在实际工作中要紧紧抓住工作重点——素质教育和校园文化建设,围绕"促进人的全面发展、终身发展、和谐发展"这个目标,励精图治,求实创新,从高从严,从真从美,全方位提升学校品位,从而推进学校的各项工作。

案例12

优化育人环境,打造"品·智"校园

青岛大学路小学

始建于1933年的青岛大学路小学,沿着两湖会馆的印记开启,以"始终在大学读书"的校训提升着广大师生的人文素养,以一流"品·智"的特色深化着文明校园的特质,先后被评为教育部中外人文交流特色学校、山东省文明单位、山东省规范化学校、山东省德育先进集体、山东省艺术教育示范学校、山东省文明校园、山东省卫生先进单位、青岛市现代化学校、青岛市教育信息化应用创新示范校、青岛市教育教学示范学校、青岛市先进基层党组织、青岛市十佳师德建设先进集体、青岛市"三八"红旗集体、青岛市巾帼建功先进集体、青岛市国际化·创新特色名校、青岛国际交流合作特色学校、青岛市中小学五星级阳光校园、青岛教育立德树人先锋学校、青岛市高水平现代化学校、青岛市校园文化示范学校、青岛教育科研创新领军学校等。

一、全面突出育人环境的政治引领力

(一)践行核心价值观,培育民族精神

学校以社会主义核心价值观为统领,深入贯彻全国教育大会精神、省区市文件精

神,以校园文化宣传积极落实习近平新时代中国特色社会主义思想和十九大精神。校园宣传标语观点正确、内容规范、结构严谨、文字精练,以达到共学、共宣中华优秀传统文化、革命文化、社会主义先进文化的目的。学校文化育人渗透到每一个细节,一墙一角、一梯一廊都充分发挥校园文化建设在立德树人中的重要作用。学校不断优化育人环境,进一步增强德育工作的针对性和实效性。

学校通过国旗下讲话、校园文化、家校课堂、主题队会等活动引导学生深入理解社会主义核心价值观,并从班、校两个层面开展"品·智"演讲,引导学生"做有理想、有道德的'品·智'大学人"。学校开展"我的中国梦"系列教育,通过主题仪式、学生宣讲、社会实践、传统节庆等活动激发学生的文化自信,培育民族精神。

(二)践行小学生守则,实施"品·智"课程

学校开展知识竞赛、"品·智"班级和"品·智"队员的评选,将《中小学生守则》《小学生日常行为规范》落实到每个学生身上。

学校实施"品·智"德育课程。"认识世界"篇,组建"学生讲团"。学生的演讲从世界各地的文明、风情、建筑、节日四个层面展开。"传承力量"篇,开展"家长讲堂",引领学生感受中华文明的博大精深。"致敬改变世界的人"篇,引导学生汲取楷模的"品·智"精神。

二、全面彰显校园文化的内涵向心力

学校地处市南区历史街区,文化底蕴厚重。多年来,秉承"大学扎根,小学成长"的办学理念,古典风格与现代风韵浑然一体。

学校努力实现校园文化建设的"规范 + 特色"和"一校一品",一切建筑和设施集使用功能、审美功能和教育功能于一体,达到了和谐统一。"大学红"的象征色、"大学园"长廊、篆刻形式的"学"字雕塑,都包含着"始终在大学读书"的厚重文化底蕴,凸显了学校的办学理念和发展特色。数字图书馆、运用虚拟现实和增强现实技术教学的未来教室,体现了学校的智能化教育。餐厅内墙壁主题画色彩鲜艳、活泼俏皮,"'品·智'大学 幸福食光""提倡光盘 远离浪费"等布艺标语创设了温馨的用餐环境。走廊内处处可见的疫情防控、安全提示、文明素养标语,教室内主题鲜明的后黑板文化、造型独特的班级评比栏,处处体现着让"每面墙壁会说话,每个细节都育人"的文化风貌。这种文化的呈现,为培养德、智、体、美、劳全面发展的社会主义建设者和接班人营造了良好的育人环境。

学校依据学生年龄特点,梯度化构建教学楼文化。低年级"读"文化,围绕童谣、三字经、传统故事、弟子规等文化精粹展开;中年级"学"文化,启动大学文化之旅,了解"美丽中国""世界之最";高年级"书"文化,将汉字以楷书、行书、隶书等形式呈现,潜移默化地提升着师生的文化素养。

学校定期举办艺术节、科技节、体育节,曾承办市南区"我们的节日——品中秋之韵,颂传统文化"经典诵读会。学校开设软笔和硬笔书法、年画篆刻等课程,传承中华文

化。学校实施"'品·智'文化推广月"系列活动,自主开展办公室、班级文化建设,制定班歌、班规、班训,"一班一品"灵动多彩,一科一室典雅有致。学校图书室藏书6万余册,制度完善,上架规范,在全校范围内开展阅读课、图书漂流、"徜徉书海 海中识趣"等活动,对图书的利用率高。

带有橄榄球图案的校徽体现了鲜明的体育特色。橄榄球课程作为学校"品·智"文化的代言,全员普及,教材成系列,培育了一批批运动精英。学校举办了多年"校长杯"橄榄球赛,成为世界橄榄球步进推广计划示范中心。

三、全面提高校园环境的生态发展力

作为占地9232平方米,拥有2000多名学生的山东省规范化学校、山东省文明单位、山东省卫生先进单位、青岛市校园文化师范学校、青岛市消防安全"工作落实年"活动先进单位,学校完善安全制度,定期演练,开展警校联动,优化安全管理。学校内外环境整洁、优美,绿化到位,连年被评为青岛市节约型示范单位、3A级健康校园、环境友好单位、节约型学校。

四、全面发挥活动阵地的宣传引领力

学校在两校区分设宣传栏、电子屏,并通过学校企业号、微信公众号、班级QQ群、家委会等向教师、学生、家长宣传学校文化建设。学校以"道德情感辩论赛"为主题,通过"话题辩论—世事观察—即时评论",激发为人处世的正能量。学校定期开展家校公益活动,带领学生走进名人文化街、养老院、特教基地、海洋生物研究所、消防演练中心等场所,搭建学生未来发展的社会平台。

基于历史的记忆,发现文化的价值,创新走向明天的学校文化蓝图,"大学"任重而道远!

案例⑬

激活教师发展群动力,夯实学校高质量发展基石

青岛北山二路小学

教师是教育的重要资源,是发展教育事业的关键。教师专业发展是教育改革的原动力,是培养高质量人才的根本保障。在教师队伍建设方面,学校坚持把"狠抓落实、打造'四有'教师"作为教师工作的重点,在"教师专业发展"上精准发力,夯实教师培训,围绕激活教师发展的群动力,探索出"问题导向,梳理发展现状;分项组群,定制发展路径;搭建平台,激活发展动力"的教师发展策略,打造和谐、扎实、奋进、优质的教师队伍。

一、问题导向，激活教师专业发展之"源"

学校通过调查问卷、教师座谈、能力考核，从"教师对其专业发展能力的自我评估""教师的专业自主情况""教师培训对教师专业发展的影响"三个方面分析了本校教师专业发展的现状。

通过问卷调查，学校开展了深入分析：一是十项教学专业能力，教师的发展现状和发展需求存在差异，推进过程不能平均用力；二是教师在日常的教育教学中有着丰富的体验和实践知识，蕴藏着许多智慧和经验，但大部分教师无法将隐性的经验外显化，将感性体验理性化；三是教师个人对其专业发展缺乏自主性，缺乏教育理论与实践的结合。

二、分项组群，定制教师专业发展之"策"

学校在深入分析的基础上得出结论：并非所有教师都能齐头并进，也不能对十项能力平均用力"一刀切"，要针对教师的需求，盘活教师的资源，充分发挥干部、名师、骨干的能力优势，挖掘经验丰富、具有特长的教师的能力优势，通过四大群体的协同作用，推动教师十项教学能力的发展。

1. 专家群，加强专业理论引领

学校采取"走出去、请进来、网上联"，借力专家的高端引领。"走出去"，积极组织外出考察学习，让干部、教师现场观摩名校的教育，实现思维碰撞，从而真正将新理念、新思想内化于行动。"请进来"，邀请教研员、名师走进校园听课、评课、答疑解惑，对教师进行专业理念的引领。"网上联"，教师与心目中的名师"网上牵手"，学习名师先进的教育思想，观看名师课例，打开教育视野，促成教师能力的提升。

2. 名师群，加强重点课题攻坚

名师和骨干形成"双促双活"机制，名师促进骨干成长，骨干也要促进名师队伍扩大，各学科积极培养校内名师。学校建立校级名师群，成立"项健康名师工作室""彭玲班主任工作室"，充分发挥两名名师的"传、帮、带"作用，为青年教师的快速成长提供有力的保障。名师工作室承担三项任务：课程顶层设计，包括课程开发、课程评价、课程框架建设等；名师大讲堂，为全校教师进行教材解读、专题讲座、课例展示；磨课式教研，参与教师公开课、研究课的打磨等。

3. 青蓝群，加强青年队伍建设

近三年（2018—2021年）学校入职的教师有30余人，这支队伍的专业能力发展直接影响学校整体师资队伍的发展。学校依托"青蓝结对"工程，开展"签协议—练基本功—磨课例—定指南"活动，要求青年教师苦练基本功，每日练弱项、练基本功，每周练上课、强化阅读积淀，每月写教育反思以增强自省能力，每学期汇报特色。磨课例，通过师父引领课、徒弟试水课、徒弟重建课，提高青年教师的课堂教学水平。定指南，带领新教师用头脑风暴的方式，梳理新教师入职难题，让不同学科的名师或者经验丰富的老教师以自荐和推荐的方式认领这些难题，并以访谈、听评课、沙龙座谈等方式，交流相关难题的具体解决方法、策略等。新教师以案例故事的形式记录自己交流、实践、思考、总结的过程，最后形成一本《青年教师入职成长指南》。这本指南可使每年的新教师从中获取实用、有效的策略，少走弯路，又倒逼骨干教师梳理、提炼教学经验和策略，真正实现教学相长、能力互促的"共赢"。

4. 特色群，加强能力短板培训

教育的目标是让学生"全面而有个性"地发展，这也同样适用于教师的发展。教师通过推荐、申报、认领等方式，自由组合成项目群，通过项目驱动实现教研、教学层面的共同学习与互相精进。

三、搭建平台，抓好教师专业发展之"径"

1. 以读促积淀，培育教师深厚底蕴

苏霍姆林斯基认为教师最终要成为教育的研究者。学校搭建读书活动平台，通过导师赠书、为每位教师订阅教育刊物、设立"教师书吧"让教师有书可读，通过开展"北山悦书会""情智书友会"等活动形式让教师交流、分享。学校构建"读—教—学—研"一体化的教师专业阅读机制，通过阅读持续输入理念、增强积淀，同时输出见解和思想。这一输出与输入过程的循环往复，形成了教师专业发展的螺旋式上升状态。

2. 以研促反思，促进教师持续研究

学校将教师专业能力的提升与日常教研活动紧密结合，细化各学科校本教研计划，确保针对性和实效性。学校开展"1+X单元核心"集课。教研组每位教师精备一个单元，然后以"1"为例，搜集"X"，即相关的拓展知识和学生能力训练点，做到资源共享、优势互补。学校举行主题性教研活动，包括深度解读"课标"、全面解读教材、以"学情分析技能提升"为主题的交流会，提高教研实效。学校还丰富了"优质教案课件库"，充实"学生知识重难点解析库"，提高教师对教材的深度解读与学情分析能力。

3. 以赛促成长，催动教师竞相发力

学校开展全体教师参与的教学大比武、青年教师的"岗位双促"技能提升活动，以"预约课""巡视课""诊断课"等形式，关注教师的常态教学，提高课堂教学的有效性；在"小先生精品课"的塑造上，开展"三人行"磨课活动，暨同级部同学科的几位教师通过"研、讲、评、比、展"五个步骤完成教学实践的过程。学校通过以赛代练的方式，提升教师的专业能力，深化课改，让北山学生"发出独特声音、激活深度思维、打开全科视野、动手实践"。

4. 以展促蜕变，激发教师能力提升

教师专业发展的终极追求是形成自己的特色和教学法。学校鼓励教师以"工匠精神"聚焦于一个特长，不断打磨，形成自己的特色。学校相继开展了"名师讲堂""我有我法展魅力""青年教师风采展""小先生微课秀""山论坛"等展示活动，聚焦学生层面、教师层面形成学研共同体，推进课堂改革，激发教师能力提升。组织教师十项教学专业能力"大练兵"以来，我们开展了12场"练兵"活动，教师参与率达到100%，大大提高

了教师的专业技能水平。

学校的发展关键在于教师。近年来学校一直把加强教师队伍建设作为学校一项非常重要的工作,常抓不懈。尽管学校的师资比较紧张,但是全体教师心往一处想,劲往一处使,每位教师在最适宜的位置上发挥了最大作用。学校连年在区满意度测评中名列前茅,赢得了家长的满意、社会的美誉,夯实了学校高质量发展的基石。

案例⑭

抓实家校融通　共绘育人同心圆

青岛北山二路小学

教育是民生之基,涉及千家万户,是人民群众非常关注的民生问题。提高教育满意度则是办人民满意的教育的根本体现,也是评价一所好学校的重要指标。在提升教育满意度方面,学校坚持问题导向,聚焦学生、家长、教师三个维度,有机整合校内外育人资源,在"抓实家校融通协作"上精准发力,绘出了以学生为圆心、以家校融通为半径、以宣传矩阵为扩展的育人同心圆。在家长迫切关心的"急事""烦事""难事"等"关键小事"上"做文章",有效地弥补了学校硬件一般、师资紧张、两校区办学难度大等劣势,赢得了家长对学校工作的最大支持。

一、明确圆心,一切为了孩子——让家长信任学校

提高教育满意度,首先要引导家长牢牢树立"教育目标一致性"的理念,建构学校教育与家庭教育的"同心"关系,以孩子为圆心,以为孩子的终身发展奠基为根本。家庭和学校要共同承担起教育孩子的责任和使命。只有家校联动,才能画好教育的同心圆。为争取家长的信任,学校把家校共育作为立德树人工作的重要抓手,全面推进全员育人导师制,不断完善三级家委会建设,通过坚持开展爱心家访、家长开放日、家长驻校办公、家教大课堂等活动,在家校之间搭建起一座无形的"连心桥"。家长信任学校、配合学校,与学校同频共振,与教师无话不说。

二、画好半径,营造家校共育大环境——让家长支持学校

1. 坚持开展好新班主任见面会,让家长对老师放心

更换老师,尤其是更换班主任,是家长特别关注的问题。为避免出现矛盾,学校提前做好谋划,每学年的开学第一周,统一组织新班主任见面会。见面会上老师精心准备,介绍自己,并和家长交流新学期班级建设、学科教学、学生培养的一些举措,为新学年学生与老师的共同成长以及老师与家长的沟通搭建桥梁,做足各项准备工作,赢得了家长的支持。

2. 坚持开展好校园开放活动,让家长爱上学校

学校坚持每月一个主题,开展常规管理、课堂教学、特色活动的校园开放活动,分层、分批邀请家长走进学校,让家长最近距离、最直观地了解学校、了解老师,感受学校的办学理念、办学特色和文化氛围。学校为全校家庭量身定制《我和孩子共成长——青岛北山二路小学家庭教育发展成长手册》,邀请家长参与花样合唱节、体育节、亲子节活动,进一步增强了家长对学校的了解,加深了家长和老师、学校的情感交流。

3. 坚持做好"营养午餐"管理,解决家长的后顾之忧

孩子在学校的饮食卫生与健康一直是家长最关注的问题。品质生活从营养午餐开始!学校以高度的责任感审慎推进"营养午餐"工程,以"保质保量,吃饱吃好"为宗旨,不断克服学校食堂窄小、操作不便等困难,让"北山乐食园"成为学生最向往的学校空间。学校膳食委员会定期参与学校食堂管理的相关工作,坚持每月发放午餐情况专项调查问卷,征集学生的意见和建议;坚持校长陪餐、家长陪餐、师生共餐制度,让家长在感受学校饮食秩序与文化的同时,为孩子的科学膳食提供宝贵意见。"北山乐食园"让学生吃得安全、吃得开心,解决了家长的后顾之忧。

4. 坚持大数据调查分析,将矛盾化解在萌芽中

学校坚持每学年开展网络问卷调查活动,向家长广泛征集对学校工作的意见和建议。问卷内容涉及规范办学、师德师风、课业减负、教学成绩等评价类的题目,还包括对学校重点工作、特色工作知晓率统计等验证性的题目。学校对家长反映的问题认真排查,诊断问题成因。分管领导按照职能分工,针对已经出现或可能出现的问题研究并制定指导性措施,耐心、细致地对家长做好答复,争取家长的理解,快速化解家校矛盾。

5. 坚持教师"爱心家访",做到宣教上门

学校落实每周课余时间的家访制度,组织开展好日常的"千名教师访万家"活动。党员干部带头,领导下沉级部,实行组团式家访,努力做到教师爱心家访"四个百分之百"指标。在满意度测评期间,学校再次有重点地组织教师进社区、访家庭,发放统一印发的市北区教育宣传折页、市北区外宣办《致市北区居民的一封信》,向家长宣传市北区教育和学校教育教学工作取得的成绩,推广成功的家教经验,赢得家长的支持。

6. 坚持写好"每周家书",让家校无缝对接

学校提倡老师每周末以书信的格式,将学生在校一周的行为习惯、分科学习、遵规守纪等综合表现写下来,通过班级微信群、QQ群公布,让家长能及时知晓孩子在校的表现。温暖的"每周家书",使学校教育对家庭教育的指导更具有指向性,家庭教育更具有精准性,也使得家校融通更有效。

7. 坚持家长驻校办公,邀请家长当"督学"

学校坚持家委会驻校办公制度。每周二、周五分别有两名家长驻校办公,通过进课堂听课、体验学生大课间活动、与学生共进午餐、校长访谈等形式,了解学校一日常规,参与学校管理。驻校家长被邀请当"督学",做行风建设的监督员。全天候式的家长驻校办公,把最真实的学校教育呈现在家长面前,在督促学校完善管理的同时,也赢得了家长对学校、对老师工作的理解和支持。

三、扩大面积,助推满意度再提升——让家长宣传学校

1. 运用微信平台,实现家校个性化互动

在北山有这样一种现象,只要打开学校官方微信平台任意一条消息,下面都有家长齐刷刷的自发留言——"今天孩子上学了,高年级学生的非洲鼓表演太棒了。""荤素搭配,营养均衡,孩子说学校里的饭菜真好吃。""在北山,你能遇见最美的老师,也能成就更美的自己。"……学校充分发挥学校网站、微信公众号等的宣传功能,集聚正能量,第一时间向社会、向家长宣传市北区教育和北山特色,坚持开展"我和爸爸妈妈读微信"活动。如今,读微信、写留言已经成为北山家长和学校之间的一种新型沟通方式。把家校沟通的平台"最小化"装进口袋,随时看,随时写,使意见畅达,沟通无限。

2. 运用畅通机制,实现家校同心同力

学校有效发挥现代新媒体通信便捷的优势,及时把满意度测评的时间、方式、内容、注意事项等相关信息第一时间传递给学生家长,缓解家长在突然受访时的心理波动。学校建议家长接到满意度访查信息后,第一时间与班主任取得联系;班主任则在第一时间报告学校分管干部,便于学校及早发现问题,及时研究处理,将不利影响控制在最低限度。

办好人民满意的教育是我们所有工作的出发点和归宿!教育满意度,没有最高,只有更高!家校合作促成长,竭诚协作育未来!在共绘育人同心圆的路上,我们将积极探索家校融通的新方式,不断积淀,久久为功,尽心竭力,争取以百分之百的努力赢得家长百分之百的支持!

案例 15

如何促进教师的专业发展

平度经济开发区厦门路小学

学校要发展,教师是关键。建设一支师德高尚、素质优良、结构合理、充满活力的专业化教师队伍,是学校可持续发展的根本保证。教师需要体面的生活,更需要精神充实的人生。作为一种"专业化"的职业,教师不仅仅是谋生的手段,更应该是实现个人价值的途径。教师的专业发展,更应该促进教师人生价值的增值。学校是教师提升人生价值的场所、展现个人才能的舞台。学校发展依赖教师的精神追求和专业发展。但现实中,有相当一部分中小学教师,具有满腔的教育热情,对学生也无比热爱,但由于没有形成科

学的教育理念,不能采用恰当的教育方法,导致学生不能健康地发展。

首先我们先厘清教师应具备哪些专业素养。

(1)形成专业道德,具有高尚的师德素养。具备如下品质:关爱学生、爱岗敬业、为人师表、爱国守法、终身学习。

(2)拓展专业知识,具备广博而精深的知识素养。

(3)提升专业能力,具备良好的教育教学能力素养。专业能力是教师专业素质最突出的外在表现,也是评价教师个体专业化水平的核心因素。

(4)构建专业人格,具备健康的心理素质。专业人格是教师专业发展的心理基础。教师的人格形象是学生亲近或疏远教师的首要因素。

(5)完善专业自我,形成专业思想。专业自我是教师在专业生活中创造并体现的符合自己志趣、能力与个性的独特的教育教学方式,以及个体在专业生活中形成的知识、职业理念、价值观和教学风格的总和。

(6)教师专业发展非常重要。教师专业发展在本质上是教师个体专业不断发展的历程,是教师不断接受新知识、增长专业能力的过程。教师要成为一个成熟的专业人员,需要通过不断的学习与探究来提高专业水平。

诚如苏霍姆林斯基说的"如果你想让教师的劳动能够给教师带来乐趣,使天天上课不至于变成一种单调乏味的义务,那你就应当引导每一位教师走上从事研究这条幸福的道路"。

那么,学校如何促进教师的专业发展呢?学校可以采取以下几种方法。

一、校本教研

学校根据自身教育教学改革的需要及存在的现实教育问题,借助教研组全体教师的力量开展合作研究,以此推动学校教育教学工作的改进、质量提升,推动教师群体专业发展。

二、业务培训

新教师必须参加学校组织的一系列业务培训,从专业知识到专业技能,从专业理念到专业信念等,了解最新的教育教学改革要求与改革理念才能正式开展工作。

三、师徒制

师徒制,即新教师拜学校里的优秀教师为师,以接受优秀教师"身教"的形式展开的一种教师专业发展方式。对业务尚不精通的新教师而言,以优秀同行为师,学习他们的先进经验,无疑是一种颇为有效的教师专业发展方法。该方法的优点是新教师能够从优秀教师那里习得一些专业的诀窍与隐性的知识经验。作为一种"古老"的教师专业发展方式,师徒制在当代教师专业发展领域再度成为初任教师专业发展的一个重要途径。

四、课堂观摩

教师进行教研活动的常见形式就是课堂观摩,它是促使教师迅速成长、成熟的有效方式。在课堂观摩中,其他教师围绕一位授课教师的全程授课活动开展听课、评课、研课、晒课活动,能够从中习得大量有用的实践知识与工作经验,能够及时从中凝练教育认识、升华教育信念。

五、课例研讨

课例研讨是较为常见、简单易行的一种教师专业发展方式。课例就是教师授课中的一个相对完整的单元或片段,它是对教师课堂教学现状全面、直观、生动的反映,是一线教师喜闻乐见的研究素材,是教师开展课例研讨的物质依托。一个完整的课例是对教师授课全程的记载与再现,是优秀教师成功的教学经验的集成,是普通教师自我反思、相互交流的物质依托。课例研讨是教师共同体在一定理念的指导下,针对教师课例的实录、视频、录音等进行全面分析,从中发现教育教学问题,探究课堂教学改革的方向与思路的研究活动。教师开展课例研讨时要遵循一定的程序,即"授课教师说课—教师群体研课—课堂教学改进建议与经验形成",依照这一程序开展课例研讨有利于实现教师专业发展。

六、同课异构

同课异构是最为当代教师所熟悉、喜爱的一种教师专业发展方式。同课异构是指不同教师在不同班级、不同时间、不同课堂环境中开展同一节课的授课活动,进而形成同一节课的多种授课实例,教师在此基础上通过对照、比较、研讨的形式来探讨不同教法的优劣,从中获得课堂教学的规律性认识或科学经验的一种研究活动形式。同课异构得出的研究结论较为客观、实用、有效。教师在开展同课异构活动时可以遵循以下程序,即"确定教学内容—不同教师授课—教师群体研课—形成教改经验"。经常开展同课异构活动,相互切磋教学艺术,教师能够在日常实践中确保专业上的迅速成长。

七、小课题研究

小课题研究是近年来较为流行的一种教师专业发展方式,是我国各地教育行政部门正在大力推行的一种教师工作研究形式。小课题也叫"微型课题",问题小,变量少,涉及范围窄,研究情景具体,一般教师可以在小范围内、在自己能力可驾驭的范围内独立组织开展小课题。小课题研究之所以在教师中较受推崇,是因为它具有以下特点:实用性强、好开展、周期短、见效快等。这种工作研究的一般组织方式是教师结合自己的工作实际提出小研究课题,再向上级教育主管部门或学校提出课题研究申请或计划,定期开展研究活动,形成研究结论,及时转化为实践研究成果。小课题研究一般采取规范的课题申报程序,即"上级部门发布研究规划—教师提交小课题申请—课题管理部门评审筛选—发布评审结果—正式开展研究"。当然,教师也可以在校内广泛开展小课题研究,不一定要通过上级教育行政部门立项的形式来进行。可以说,这是教师学会开展正式课题研究的平台,是一种卓有成效的教师专业发展方式。

八、教学反思——教师专业成长的必经之路

教学反思指教师借助行动研究,不断探讨教学目的、解决教学工具和自身的问题,使自己成为专家型教师。

(一)教学反思的意义

1. 教学反思能促进教师积极主动地探究教学问题

不断地反思会不断地发现困惑,"教然后而知困",这样教师会重新审视自己教学中所依据的思想,并积极寻找新思想与新策略来解决所面临的教学问题,从而促使自己拜师求教、书海寻宝。教学反思可以激活教师的教学智慧,促使教师探索教材内容的崭新表达方式,构建师生互动机制。

2. 教学反思有助于教师成为研究者

教师不但要成为教学的主体,而且要成为教学研究的主体,把自己作为研究对象,反思自己的教学观念、教学行为及教学效果。通过教学反思,教师不断更新教学观念,改善教学行为,提升教学水平,同时形成自己对教学现象、教学问题的独立思考和创造性见解,使自己真正成为教学和教学研究的主人,提高教学工作的自主性和目的性,克服被动性、盲目性,使教学与研究相结合,教学与反思相结合,成为真正的研究者。

3. 教学反思有助于改造和提升教师的教学经验

我们从教师成长的规律中可以看到,教师的实践经历不会自动生成科学经验,从而促进专业化发展。对教师来说,只有"经验 + 反思"才会有效地促进专业化发展。没有经过反思的经验是狭隘的经验,它只能形成肤浅的认识,并容易导致教师产生封闭的心态,可能阻碍教师的专业成长。只有经过反思,使原始的经验不断地被审视、被修正、被强化、被否定,去粗取精,去伪存真,这样经验才会得到提炼和升华,从而成为一种开放性的系统和理性的力量。

(二)教学反思的策略

我们可以将反思策略分为两大类:内省反思法和交流反思法。

1. 内省反思法

内省反思法是指教师主动地对自己的教学实践进行反思的方法。根据反思对象及反思载体的不同,内省反思法又可分为以下几种具体的方法。

(1)反思总结法。反思总结法主要是指通过自己的记忆,对教学实践予以总结、反思的方法,从而进一步使教学实践中的"灵感"内化,也使教学实践中出现的问题得到考虑。

(2)录像反思法。录像反思法是通过录像再现自己的教学实践,教师以旁观者的身

份反思自己的教学过程的方法。这种方法最大的优点就是能客观地对自己的教学过程进行评价,这样能更好地强化已有的经验,弥补不足。

(3)档案袋反思法。档案袋反思法是以专题的形式为反思线索对教学实践进行反思,包括课堂提问的内容是否是课堂的重点、难点,对某学生的提问的形式、难度是否符合该学生的实际能力,等等。

2. 交流反思法

交流反思法指教师可以就某一问题与其他教师进行交流,也可以在听完某教师的一堂课以后,针对这堂课而进行交流。这样可以反观自己的意识与行为,加深对自己的了解,并了解其他与自己不同的观念,进而取人之长,补己之短。

九、利用网络进行学习

当前,各种各样的教育网络是教师学习资源的宝库。经常上网收集相关学习资源,开展自助式学习活动,教师在专业发展上就能够突破时间与空间的局限,迅速习得大量的专业知识与经验。

现在,教师不再是学生获取信息的唯一来源,不再对学生具有绝对的知识权威,教师与学生必须同步学习,通过终身学习更好地进行专业提升,提高教育教学水平。"学习者"成为教师"教育者""研究者"之外的又一角色定位,"教学同其他职业一样,是一种'学习'的职业,从业者在职业生涯中自始至终都要有机会定期更新和补充他们的知识、技能和能力"。

如果说教育是国家发展的基石,教师就是奠基者。今天的学生就是未来实现中华民族伟大复兴中国梦的主力军,广大教师就是打造这支中华民族"梦之队"的筑梦人。要做好筑梦人,教师必须在其职业生涯中,基于个体经验,依据职业发展规律终身学习、不断提升,以顺应职业发展需要。

案例16

从读书环境建设入手唤醒学生阅读的力量
——如何整合学校的阅读资源
青岛汾阳路小学

说起阅读,从学校到社会,从课堂到家庭,都对其极为重视。单说教育主管部门,教学研究室通过课堂与检测主抓阅读质量,教育技术装备办公室从流通和记录刚性评估阅读数量,语言文字工作委员会办公室从书写和展示刺激阅读的产出,教育图书代办站从教辅和期刊将阅读战场推演到课外。在上级的指导和帮助下,各学校的阅读工作取得了不少的成绩,但在"四龙治水"之下,学校也应当有所主动作为,而非简单地追随,要彻底唤醒学生阅读的自觉,取得质的变化。下面从学习环境视角谈如何整合学校的阅读供给资源。

一、如何把学校变成图书馆

随着学校交流空间管理意识的普及,用书来填补学校公共空间成了很多新建学校的一种做法。但是简单地将书架和图书摆放到空间里,不可能立马成为师生主动阅读的动力源。学校的管理者必须思考如何能吸引师生走到阅读空间,走进图书室,坐下来感受阅读带来的精神享受。学校在进行环境布置时需要考虑这样几种做法。

1. 拉近距离,人在书中,书在手边

一个音乐专业的研究生说,她学钢琴、小提琴、声乐,在三个门类都取得了一定的成绩。她的老师曾这样说,钢琴是通过键盘击打琴弦,小提琴是用手拨弄琴弦,而声乐是用嗓子直接充当琴弦,声乐离音乐最近,在学声乐时取得的对音乐的理解会最为真切。那么,我们是否也可以人为创造这样的近距离效应,让每一个可以停留下来的地方都能看到图书,只要能站、能坐的地方,图书都伸手可得,这不就是对获取知识最真切的帮助吗?

2. 关注体验,坐在惬意,读在美好

很多白领和自由职业者很喜欢在咖啡厅办公、谈事,似乎没有具体的原因,或许是灯光、是气氛、是甜品,总有一种美好的感觉留住了他们。如果我们的图书馆和交流空间能够排除学习压力和紧张感,那么阅读不就成为生活的一部分了吗?

3. 提供社交,读己读人,融入圈子

西北师范大学图书馆的一本旧书里有几十年前一个阅读者(当代名人)的借阅签名,对作为晚辈的一位读者产生了莫大的鼓舞,激起了他"横扫"图书馆的决心。即便是借阅记录这样的简单社交都有这样的作用,公告板、涂鸦墙上的已读感受是否能更加强化读者读书的欲望呢?

二、如何激活班级图书角

班级图书角作为一个重要的阅读环境越来越受到学校的重视。特别是那些走廊空间不足的传统学校,已开始思考如何利用好这个角落。

1. 树立榜样推动阅读开展

借力区教体局的读书角评选活动,深入开展班级读书角的建设活动,设置杂志漂流栏,让个人读物充分共享。开展图书角英雄榜活动,建立全校统一的读书小英雄排行榜(可以参考读书数量、捐赠数量、读后感写作、主题演讲等评价维度)。

2. 运用媒体进行宣传推介

以区(校)为单位创建图书发行公众号,及时推荐优秀期刊、优秀学生作文鉴赏、优秀班主任事迹。可以设置阅读打卡、分享读书经验的小程序,并在小程序的基础上建立全区统一的积分和奖励制度,打通线上、线下的阅读推介活动。

3. 鼓励教师拓宽阅读资源

尝试开展图书整本阅读、课外期刊主题阅读指导课的评选活动。鼓励教师将课外图书和期刊作为教学的工具资料。

4. 学科阅读助力教学工作

开展突出学科自学特色的图书(杂志)征订指导,分门别类地给学校出具语文、数学、外语专业读书角推荐目录。鼓励班主任或任课教师开展自学指导。

5. 策划活动刺激精准阅读

组织游戏化阅读学习竞赛,关注阅读的过程性任务。可以采取限时阅读、给定主题提前阅读等形式,组织相关的主题读书知识竞赛、团队闯关活动或读书演讲论坛等,对参赛队伍和个人给予全区(校)统一的积分、排行榜、勋章等奖励。将阅读塑造成为一个区域(学校)教育品牌。

读书是与整个世界文化最方便的接触形式。学校应构建良好的读书环境,助力各种阅读活动的开展,让阅读成为师生内心向往、身心享受的活动。

育人体系变革篇

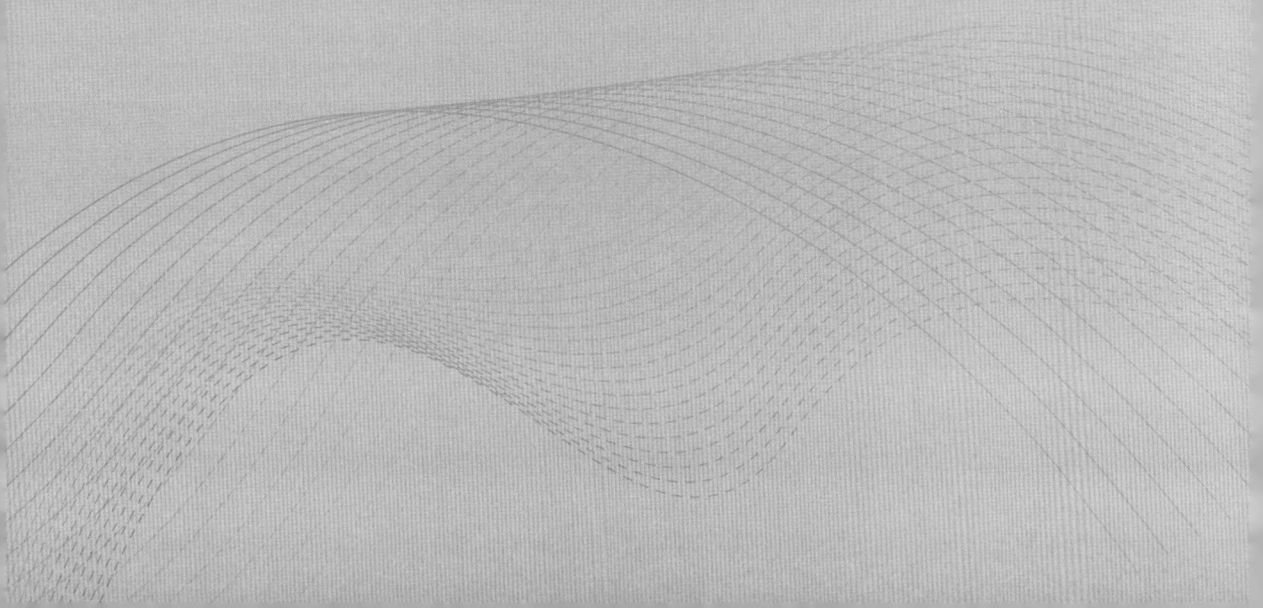

案例 17

"光盘"行动里蕴含的德育教育

山东省青岛第五十中学

学校管理,必须是在动态环境下主体创新的过程,把握好管理的过程就把握好学校管理的关键。管理过程中,要把握好人、财、物、时间、空间和信息六要素,对每一个环节都要持续跟进,对每一个细节都要追求完美。

校长就是个当家人。学校里人员的吃喝拉撒睡,校长样样都要筹划。有句话说:吃不穷,喝不穷,打算不到就受穷。就先说吃饭的事儿,从笔者在四十中时讲起,每天老师、学生吃的都是配餐公司用车送来的盒饭,剩饭被收到送餐箱里随车拉回基地处理。不管饭菜质量如何,师生都得吃,因为学校没有食堂。后来笔者调入四中,学校有食堂。每天老师到食堂就餐,学生在新食堂未建好之前也是吃食堂做的盒饭。食堂的师傅们将装好的盒饭运到教室给学生,饭后将剩饭运回食堂。他们要将每个盒里的剩饭倒入泔水桶,再进行饭盒的清洗、处理,每天装盒运送、倾倒饭盒要占用很多时间,劳动量大。学生剩饭的原因肯定是不喜欢吃,或者是超过了学生的饭量,可是问卷调查的结果反馈是学生吃不饱,对饭菜质量不满意,但笔者认为四中的伙食比四十中的盒饭好吃了很多,为什么学生不满意呢?经过深入研究发现,虽然老师和学生吃的都是相同的师傅做的饭,但因为做饭的时间点不同,盛装方式不同,饭菜的口味存在差别;另外,众口难调,装到盒里的不一定都是学生喜欢的。为了让学生中午都能及时领到饭菜,10:00 学生的饭已经陆续包装,历经两个小时,才到学生口中,饭菜的味道当然与刚出锅的是不同的。

问题找到了,就要去找解决问题的办法,好在青岛四中的新楼竣工投入使用,整整一层楼被建成了学生的食堂,可同时容纳 700 多人就餐,于是师傅们不用装盒饭了,学生们拿托盘盛饭,六人一组围坐一桌吃饭。为了避免浪费,我们要求学生实施"光盘"行动,加强管理。每个学生的就餐座位是固定的,实施桌长负责制,要求学生能吃多少饭就盛多少饭,可重复加餐但不能剩餐。桌长分派组员负责收盘、擦洗饭桌、收放椅子,这样劳动教育蕴含在就餐当中。每个班用一个垃圾桶倾倒剩饭,食堂管理人员每天称量剩饭重量,张榜公示称量结果进行评比。"光盘"行动实施了不到一周,垃圾桶里能见到的只有啃不动的骨头了。每天食堂工作人员针对剩饭做出分析,学生不喜欢哪些饭菜?每天饭菜的消耗量是多少?只用了半个月时间就达到了几乎无剩饭的状态。饭菜质量提高了,食堂也不亏损了,下了课学生都抢着跑到食堂排队就餐,家长满意度提高了。不用处理剩饭,食堂工作人员的工作强度减少了,收工时间提前了,大家都愿意到四中食堂工作。学校每个学期在食堂节省下来的钱,用来给学生买蛋糕和元旦加餐。

一个小小的"光盘"行动带来了管理上的提升,蕴含节约教育、劳动教育等德育教育内容。

案例18

导师制，让师生关系有了新突破

山东省青岛第五十中学

为了进一步发挥教师在学生成长过程的指导和教育作用，营造全员育人的教育氛围，根据市、区教育局的要求，我校全面实施"全员育人导师制"，推动师生之间建立平等的关系，做到"教师人人是导师，学生个个受关爱"，促进每一位学生的全面健康成长。

一、教师人人做导师

亲其师方能信其道。我校学生在导师的选择上，遵循双向选择的原则，每个教师会选择自己的导生，学生也有权利选择自己的导师。实施"全员育人导师制"，采取思想上引导、学业上辅导、心理上疏导、生活上指导的导师策略，实施家校联动。

（1）思想引导。立德树人，以德为先，导师首先要引导学生树立正确的人生观、价值观、世界观；教育学生遵纪守法，培养学生的自律意识，培养学生的良好品德。导师通过与学生的沟通、交流，了解受导学生的个性特征、行为习惯、道德品质等情况，利用换位思考、平等接触、正面引导，帮助学生认识自己、悦纳自己。对受导学生的不良行为和不良习惯进行诊断分析，并予以纠正。引导受导学生确立远大的理想。

（2）学业辅导。导师主要是按因材施教的原则，帮助学生了解自己的学习潜能和特点，教给学生学习方法，培养学生的学习能力，使学生顺利完成学习活动的各个环节，完成中学阶段的学习任务。导师通过分析受导学生的学习状况，帮助受导学生排除不良学习情绪，树立学习信心，增强学习意志品质，提高学习能力；鼓励质疑问难和奇思妙想，帮助学生识别自己的学习风格，对不同风格的受导学生实施匹配策略，以多重辅导方式，提高学生学习的效率。

（3）心理上疏导。导师要关心学生的身心健康，及时帮助学生消除和克服心理障碍，激发他们自尊、自爱。导师通过了解学生的心理状况，缓解学生的心理压力，提高学生对挫折的心理承受力，指导学生学会与人正常交往。

（4）生活指导。导师要关心学生的日常生活，帮助学生适应中学生活，明确生活目标，端正生活态度，树立正确的世界观、人生观和价值观，学会生活，养成良好的生活习惯，提高生活质量。导师通过校园生活指导、社会生活指导、家庭生活指导等指导学生科学地安排日常生活和合理消费，帮助学生热爱生活，适应生活环境，建立有益于身心健康、学习进步的生活作息制度，指导学生自己的事情自己做，帮助家长做力所能及的家务，促进学生建立合理的生活规范，学会过有意义的生活。

导师坚持每周至少一次与学生谈心，及时了解学生的思想状况，通过导师记录表，记录师生活动的全过程。

（5）家校联络。导师必须对学生本人及其家庭有清晰的了解,对其家庭情况进行简要分析,与家长联系,整合学校和家庭的力量共同教育学生。导师会主动接待家长来访,进行定期或不定期的家访,每月至少与学生家长联系一次,每学期开一次家长会,及时与学生家长沟通,反馈学生的在校表现,取得家长的配合和支持,并帮助和指导家长改讲家庭教育的方式方法,使家校教育形成合力。

二、学生个个受关爱

导师制实施过程中最重要的就是每个学生都可以与导师进行面对面的沟通和交流,得到导师的关爱。交流让学生感受到导师对自己的关注和期待。交流让学生敞开心扉,使师生直面问题从而共同解决问题。交流让学生减轻学习和心理压力,轻装上阵。交流帮助学生解决学习上的难题和成长中的困惑,从而为学生的成长助力。我们可以通过教师的案例看到导师与学生交流的力量。

导师姓名:方元　导生姓名:方梓硕

导师工作记录:

方梓硕同学性格开朗,虽然看上去人高马大,但是他有时像是个小孩子。他在家比较听话,答应家长不玩手机就不玩,但是在学习上,尽管学习态度比较好,可能有些科目跟不上,不愿过多投入,就有些想放弃,因此在班级中,行为举止显得有点懒散。

学期初,学校开始实施"全员育人导师制",于是在繁忙的工作之余,我成了方梓硕同学的导师。针对方梓硕同学的个性,我先从平时、从细微之处入手。平时多关心他,及时在学习、生活上给他帮助,多找时间和他交流,及时制止他在学习或生活中产生的那些不良行为,帮助他解决表现出来的各方面的问题,让他慢慢接受我、信任我。我遵循青少年学生的身心发展特点和认知水平,对他循序渐进地实施教育。在我们成为朋友之后,我开始激发他对学习的积极性和主动性。了解到他对我所任教的历史学科比较热爱,于是,我委任他为第三历史课代表。我在课上多关注他的上课听讲情况;鼓励他在课余时间多看历史课外读物;用课前两分钟的时间,让他上台分享与展示自己读书之后的所悟所感,让他以另一种方式去感受学习的成就。平时他的测试成绩只要有所提高,虽然不是很明显的进步,但哪怕是一分、两分的进步,我都要给予他表扬和鼓励,让他感受到努力之后的成就感。

短短的一学期,方梓硕同学在历史学习成绩上实现了突破,超过 50 分(满分 80 分),这是我们一起努力的结果。虽然其他学科成绩上进步不是很大,但实施导师制以来,他的学习态度和方法、和同学的相处,还有其他方面都已经有了变化。我相信一分耕耘,一分收获,相信他将会取得更大的收获。虽然过程是艰辛的,但结果是令人欣喜的。我愿意付出辛勤的劳动,让更多的学生走上学习的正确轨道,体验成功的喜悦。

三、师生关系发生转换

在导师制的实施中,导师都有了自己的导生,导师也主动阅读一些书籍,学习专家或名师的谈话技巧。导师以导生喜欢的话题开头,然后过渡到学习或心理问题。有的导师也指导导生互相交流,在他们交流的过程中认真倾听和观察,可以发现他们的个性、特长和他们身上存在的问题,然后逐一解决。

化学教研组郑冰老师:

今年是我来到青岛第五十中学的第一年。我是第一次接触到学生导师制这种有关学生教育工作的形式。回顾一学期的工作,虽然我没有前期经验铺垫,但通过不断摸索,通过阅读各类书籍,加强了与学生沟通的技巧,对学生的指导渐渐进入了状态。

我的导师团一共有10名学生,学习习惯和能力水平都相差很大。由于学生对化学学科接触的时间不长,所以一开始我先做了个摸底,就两个问题:一是学生自己希望达到的中考目标,二是学生有没有意愿学好化学。这主要是为了今后的工作有个抓手,接下来我按照学生的中考意愿适时与学生进行沟通。

陈帅成和李俊辉是化学课代表,我选择和他们在学业方面多谈心,并鼓励他们做我的小帮手,让他们给我提教学建议,他们在化学学习方面进步较快;宿家硕有点毛躁,但对化学学习表现出较大的兴趣,所以我也常常鼓励他提出问题,和他讨论方法,并有意识地设定时间,约请化学课代表与他多交流,多沟通,我也经常在他们交流的时候给出我的建议,他的化学成绩提升较大;牟俊铭上课小动作较多,对于他我是鼓励与敲打并举,让他知道老师在关注他,同时也让组内的同学与他交流,带动他参与化学的学习和讨论,他的学习成绩渐有起色,但最近有些起伏。另外几名学生,我的前期工作主要是谈心,以鼓励为主,但也明确提出课堂学习的要求,虽然目前学习方面的转变还不明显,但是在行为上和态度上有了好转,如果下学期他们继续选择我做导师,我将继续想办法与他们沟通交流。

人与人之间离不开联系,师生之间更需要沟通和交流。以沟通赢得理解和尊重,以交流收获教育的成功。有付出就有收获,在师生的朝夕相处和促膝长谈中,学生的学习成绩有了提升,导师也从学生身上领悟了真正的为师之道,师生之间也结下了浓浓的情谊。作为教师,最大的幸福莫过于此吧。

案例⑲

让学校社团成为学生实现梦想的摇篮

山东省青岛第五十中学

青岛第五十中学是一个外来务工人员子女占学生比例超过60%的学校。为了让这些学生享受到公平且优质的教育,我校坚持"五育并举",培养时代新人。为了促进学生全面发展,我校认真落实《青岛市促进中小学生全面发展"十个一"项目行动计划》,制定了《"让艺体之花开遍校园"——"体育、艺术2+1项目"活动实施方案》。依据加德纳多元智能理论,结合实际情况,我校充分利用硬件与软件设施,开展了丰富多彩的社团活动,张扬了学生的个性,丰富了师生的课余生活,提高了学生的综合素质,促进了学生的全面发展,助力学生成就人生梦想。

目前我校设有健身操、花样跳绳、排球、足球、篮球、乒乓球、武术、美术、3D 打印和机器人等 12 个特色社团。学生利用自己的业余时间,根据自己的兴趣爱好和发展潜能参加自己喜欢的社团。社团除了满足学生兴趣发展需要外,还要负责组队参加市区两级教育系统的各项比赛,优秀学员还要努力达到市级特长生标准,为升学做准备。

以健美操社团为例。"炫舞青春"健美操社团于 2015 年建团,也是我校的品牌社团。社团发展本着"五育并举"的育人理念,着力培养适合中学生身心发展的健美操艺体技能。社团建造以丰富学校社团建设、提升学生综合素养为宗旨,以培养有追求、能吃苦耐劳、团队意识强、严守纪律、主动进取的学生为目标,受到学生的喜爱。

健美操社团作为"青岛第五十中学共同体"的特色社团,与共同体内所有学校的艺术社团合作,经常到共同体学校进行经验介绍及艺术指导,对学生的培养与输送切实做到了"传、帮、带";与高中学校健美操社团加强切磋,培养学生运动技能的同时,努力为学生搭建升学平台,为高中学校输送了优质的健美操专业生源。2018 年我校健美操特长生升高中 4 名,2019 年健美操特长生升高中 4 名。该社团在青岛市级所有健美操赛事中连年取得辉煌成绩:2015 年获青岛市校园青春健身啦啦操普及套路特等奖;2016 年获青岛市校园青春健身啦啦操特等奖;2017 年获青岛市校园青春健身啦啦操一等奖、健美操一等奖;2018 年获青岛市中小学啦啦操比赛 24 人花球自编特等奖,青岛市校园青春健身操比赛健身操基础套路特等奖、健身操提高套路一等奖、啦啦操基础套路一等奖、啦啦操提高套路一等奖;2019 年获青岛市中小学啦啦操 24 人操特等奖,青岛市校园健身操比赛健身操基础套路特等奖、健身操提高套路特等奖、啦啦操基础套路特等奖、啦啦操提高套路一等奖;在 2020 年市北区的健美操选拔赛中我校将所有操型的第一名全部包揽,作为市北区唯一一支中学队伍代表市北区参加青岛市校园青春健身操比赛。

目前该社团有成员 80 多人。该社团不仅是健美操出彩,舞蹈也非常突出。该社团编排的男生群舞《骑帅》从参加市级比赛的百余支队伍中脱颖而出,一举夺得青岛市舞蹈专场初中组第一名,并被推送参加山东省舞蹈专场比赛,在山东省中小学艺术比赛中获中学组舞蹈二等奖。

作为青岛市健美操人才培养基地,该社团屡次被邀请参加青岛市级、区级社会公益性演出,多次参加青岛市电视台的节目录制。社团指导教师、学生也多次接受新闻媒体的专访,社团发展广受社会各界及家长的关注与好评。学生在奋进的道路上收获成功的喜悦和进取的动力,他们学会了团结互助,他们有自己的目标定位,他们会主动求学。通过社团这个组织绘制自己的梦想和蓝图,他们挥洒汗水,伴随激昂的乐曲尽情跳跃,跳出了自己的炫彩人生。

在我校全体师生的共同奋斗下,共有315名学生在区级以上比赛中获奖,我校获得的集体荣誉如下:

(1)2019年,我校获得青岛市中学生"我为家乡推介"微视频大赛优秀组织奖。

(2)2019年,我校荣获青岛市车辆模型竞赛优秀组织单位奖。

(3)2019年,我校参赛队伍在青岛市"中国体育彩票杯"中小学生体育联赛暨第十四届全国学生运动会测试赛跳绳比赛中,荣获团体二等奖和道德风尚奖。

(4)2019年,我校参赛队伍荣获第七届"体彩杯"市北区中小学生乒乓球比赛初中男子团体第二名。

(5)2019年,在"共筑家园"山东省青少年建筑模型竞赛中,我校参赛队伍凭借"锦绣江南"古典园林制作获得中学组团体第二名。

(6)2019年,在"共筑家园"山东省青少年建筑模型竞赛中获得优秀组织单位奖。

(7)2019年,在"我爱祖国边疆"山东省青少年航海模型竞赛中,我校参赛队伍获得"雪龙"号科学考察船模型航向赛中学组团体第一名。

(8)2019年,我校在"我爱祖国边疆"山东省青少年航海模型竞赛中获得优秀组织单位奖。

(9)2019年,我校荣获青岛市青少年航海模型、建筑模型竞赛优秀组织单位。

(10)2019年,我校参赛队伍凭借"雪龙"号科学考察船模型荣获青岛市青少年航海模型、建筑模型竞赛团体第一名。

(11)2019年,我校参赛队伍凭借"昆明"号模型荣获青岛市青少年航海模型、建筑模型竞赛团体第二名。

(12)2020年,我校参赛队伍荣获第三十一届市北区"区长杯"中小学生足球比赛初中女子组第二名。

(13)2020年,我校参赛队伍荣获市北区"体彩杯"中小学生武术比赛第三名。

(14)2020年,我校参赛队伍荣获青岛市"体彩杯"中小学阳光体育联赛武术比赛道德风尚奖。

(15)2020年,我校参赛队伍在青岛市"中国体育彩票杯"中小学生阳光体育联赛中获得跳绳比赛团体第六名、跳绳比赛体育道德风尚奖。

(16)2020年,在青岛市"中国体育彩票杯"中小学生阳光体育联赛中,我校学生获得青岛市跳绳比赛规定赛三等奖。

(17)我校在2020年市北区健身操大赛的6类比赛项目中均获第一名。在2020年青岛市校园青春健身操比赛中获得青岛优秀团体奖。

案例⑳

为中小衔接架起"心"之桥

青岛长沙路小学

心理健康教育是学校中小衔接工作的重要组成部分,对于学生形成正确的世界观、人生观和价值观,实现健康成长具有重要作用。作为青岛市心理健康教育示范学校、青岛市小学心理健康教育学科改革实验基地,长沙路小学围绕中小衔接工作,积极开展各种心理健康教育的实践与探索,以"心"育人,滋养师生与家长的心灵,为每一位毕业生的中小衔接提供强大的助力。

一、开设心理辅导活动课,编写心理健康校本教材

一方面,学校在六年级开设心理辅导活动课,让课堂成为老师和学生敞开心扉交流心声的平台,消除学生对心理学的陌生感和距离感,使学生发展得更加全面和适应时代的要求。另一方面,学校自编心理健康教育校本教材,针对六年级学生编纂了《学习有乐趣》《心灵喜洋洋》《成长调味罐》等系列心理课程教材,体现校本特色,更具有针对性。

二、将心理健康教育渗透于课堂教学

课堂教学是学校教育过程的主体,更是学校实施心理健康教育的主渠道。在开展中小衔接的心理健康教育的工作中,学校始终将课堂教学当作攻坚战来对待,把心理健康教育渗透于其中,在教学目标的确定、教学方法和手段的选择、教学过程的导入和实施等方面都要求巧妙地注入心育的内容,创设"尊重、信任、理解、关爱、激励、愉快"的课堂气氛。学生在增强认知能力的同时,自信心、团队协作精神、竞争意识、情绪调控力和坚强勇敢等意志品质均得到很大程度的提升。

三、心理主题活动,丰富体验,提升心理素质

(一)校园心理健康节,人人参与

每年的心理健康节,针对六年级学生因即将升入初中而产生的不安情绪、对相处六年的同学和老师的不舍情绪,以"真心相交、真诚相待"为主题,通过心理剧的形式,以熟悉的场景与经历唤起学生心里对"友情"与"同伴"的珍爱;以曼陀罗绘画技术为载体,在绘制曼陀罗的过程中教会他们真心表达自己的情意与交友的愿望,使其得到情感的释放。

(二)丰富多彩的主题团体辅导,有的放矢

(1)毕业班学生心理辅导活动,已成为学校每年毕业工作的一项重要内容。在辅导过程中,心理老师通过小讲座、互动游戏、故事、放松训练方法指导等帮助学生进行心理调适,分析了应考前的种种心理,教学生应该如何做好充分准备、轻松应考,考出好成绩,

特别强调考前几天应做好的事情以及考试中应注意的事项。

（2）关注高年级学生青春期成长。针对高年级学生步入青春期遇到的问题，对女生开设"小女子课堂"，以"女生成长日记"的形式向女生讲述"我的变化""守护花蕾"等，帮助她们揭开青春期神秘的面纱，科学地、坦然地认识自己、保护自己；对男生进行"男子汉游戏场"心理辅导，让男生有了一个畅所欲言的场所，了解自己身体的生理特点。

（3）针对学习比较困难的学生成立"学习成长加油站"，进行提高学习心理能力的训练与辅导。心理老师有步骤地进行收集资料、测量评估、拟订方案、心理辅导、行为习惯矫正等工作，并在科任老师的协助下，通过手眼协调、学习基础能力训练、重建自信心等途径，有效帮助学生克服"习惯性无助"，学会学习。

随着心理健康教育工作的蓬勃开展，学校中小衔接工作如虎添翼。心理健康教育是对六年级学生的"心理按摩"，为他们顺利步入初中生活提供助力。

案例21

巧用折子信　撑起成长绿伞

青岛北山二路小学

从小学升入初中，是每个孩子成长过程中必须经历的里程碑式的跨域。小升初后，无论是课程设置、学习内容、学习方式，还是学习压力，都发生了极大变化。学生在学习上的不适应所导致的心理问题越来越多，引起了社会的关注，所以，加强小学阶段的心理健康教育工作刻不容缓！

心理健康教育工作是现代学校教育的基石，它和教学工作被喻为现代学校的两个轮子。笔者所在学校通过不断创新工作思路和方法，将心理健康教育作为素质教育的重要内容，贯穿于学生身心发展的全过程，渗透在教育教学工作的各方面。

折子信"花季心桥"就是为进入青春期的六年级学生专门设计的，它便于听取学生的倾诉，解答学生的问题，排解学生的烦恼，引导学生正确认识自我、战胜自我，为教师、学生和家长搭建了一座互动的心灵之桥，对促进学生的健康成长、为小升初的平稳过渡奠定了良好的基础。

一、设计折子信，叩响心灵之门

著名教育家陶行知先生说过："真的教育是心心相映的活动，唯独从心里发出来的，才能打到心的深处。"离开了情感，一切教育都无从谈起。心理健康教育是一种感情的艺术。在分析学生出现的诸多心理问题时，我们发现生硬的说教、严厉的训斥在学生面前变得苍白无力、空洞无用。青春期的孩子常常爱激动，乱发脾气，这是因为他们有了自我意识，他们的内心其实非常渴望得到家长、老师更多的关注和爱。面对青春期的孩子，遇到问题时不应去"堵"，而是应去"疏"。只有触及内心的教育，才能产生心灵共振，收到理想的教育效果。

折子信"花季心桥"的使用，最初源于我们印发的关于青春期教育的文字材料。刚拿到手时，学生还感到新鲜，可是薄薄的纸片很快就成了一张张废纸，而且面对没有任何温度可言的常识性的生理卫生方面的文字，学生根本不买账。剃头挑子一头热，我们的教育工作陷入被动。痛定思痛，我们决定从挑战传统开始，对形式和内容进行大胆改进，于是，可爱的折子信应运而生。在纸张的排版上，由平面变为立体，把原先一张普通的A4 纸经过 3 次对折形成了正反 8 个版面。在内容上，改变以往单纯的青春期教育的文字普及和宣传，由说教变为互动。每个版面呈现不同的主题，主要包括"点点滴滴我世界""好书为伴我成长""青春朦胧我知道""直面青春我接招""搭建心桥我飞翔""花季赠语""倾情寄语"等。手捧第一封折子信的学生，欢呼雀跃，如获至宝。素净淡雅的背景、轻松活泼的画面、温馨质朴的语言……一下子就把他们牢牢地吸引住了。他们对折子信爱不释手，把里面的内容反复朗读，有的甚至将里面朗朗上口的小诗背诵下来了……成功了！小小折子信，叩响了学生的心灵之门。

二、用好折子信，期待心灵之约

如何用好折子信，发挥它的最大作用？我们的做法就是多管齐下，以折子信为中心，以点带面，辐射带动学生心理健康教育工作的整体推进。为有效缓解六年级学生毕业前夕出现的焦虑情绪，我们坚持上好心理健康教育课，依托学校"华姐姐"工作坊，在六年级学生中开展关于青春期心理适应能力、人际交往、师生关系、自我困惑、考试焦虑的专项心理辅导。我们以"花季小屋"和"花季信箱"为辅助载体，对少数有心理困扰或障碍的学生进行一对一的心理辅导和干预。经过心理教师的专业辅导后，学生会结合自身存在的问题或困惑，在折子信的"直面青春我接招"中的"说出我心声"，来表露自己的真实想法，班主任老师会积极跟进，在"老师支招"版块写下辅导意见，真正实现师生互动、心灵相约。学生行为的背后实际隐藏着深层的心理活动，折子信无疑在师生之间搭起了一座无形的桥梁。老师关心他们的学习，倾听他们的理想，容纳他们的抱怨，并适度加以肯定和赞扬。就这样，在老师的引领下，学生逐渐学会认识自我、发现自我和发展自我，自信、自省、自控，自我调节的能力逐渐增强，良好的心理品质得以塑造。

我们创造性地把六年级学生的心理健康教育同学校"每季一读"阅读工程有机结合，在折子信中专门设计了"好书为伴我成长"栏目。在此，我们推荐了《男生，我大声对你说》《女生，我悄悄对你说》《青春不陌生》《做最好的自己》《最熟悉的陌生人》等图书供学生阅读，帮助叛逆的处于青春期的学生从迷茫中走出，引导学生慢慢形成健全的心智，增长为人处世的智慧，积蓄成长的力量。

三、百变折子信，共赴美好未来

著名教育家苏霍姆林斯基说过："在每个孩子心中最隐秘的一角，都有一根独特的琴弦，拨动它就会发出特有的音响，要使孩子的心同我们讲的话发生共鸣，我们自身就需要同孩子的心弦对准音调。"是的,作为一名教师、作为一名家长,没有比看到孩子身心健康成长更让人欣慰的事了。只有了解孩子的心理,才能善于捕捉教育时机,随时让自己的心对准孩子的心弦,才能真正达到教育孩子的目的。

每月一期的折子信,让学生、家长和学校三方都成了受益者。学生小坤说:"'直面青春我接招'中的一些例子里都有我的影子,老师给我支招后,我用了,爸爸果然改变了对我的态度,我真高兴!"以往谈起小翔就哭的妈妈说:"这个折子信很管用,以前对孩子唠叨那么多也没有什么用,孩子很相信上面的话,会照着去做。这种形式很适合有叛逆性格的小翔……"而老师也对折子信很认同:"它好像一张不大但是很神奇的网,收住了一些学生的心,切实解决了一些心理问题,对稳定学生情绪、让学生安心学习起到了一定的作用……"

我们为折子信发挥的作用感到高兴!关注学生的心理健康教育,撑起一把绿色的大伞,让每个学生都能健康成长,我们有足够的爱心、耐心和恒心。珍藏点滴的成长,见证收获的喜悦!青春折子信,从"心"出发,追寻快乐!"信"中收藏着心灵的声音,幻化成快乐的翅膀,飞进孩子们的心里,飞遍校园的角落。我们希望,并且也相信,这种快乐、这种幸福,一定会延续下去。

案例22

聚力"十个一"项目落实　促进学生全面健康发展

青岛北山二路小学

为深入贯彻落实党的十九大和全国教育大会精神,全面提升学生的综合素质,落实市、区教育局下发的有关《青岛市促进中小学生全面发展"十个一"项目行动计划》通知要求,学校将"十个一"活动落到实处,结合学校实际,激发项目新动能,采取了一系列有效措施,让每一位学生立足基础,培养兴趣,开发潜能,全面助力学生健康发展。

一、精心策划部署,广泛宣传发动,营造"十个一"项目氛围

为切实落实"十个一"项目行动,学校特成立了专项工作领导小组,细化方案,由校长担任组长,分管校长任副组长,各部门负责干部、学科组长、班主任等为成员,建立了"学校行政—年级组—班级"的管理网络,层层落实、全员参与。学校成立大讨论活动工作推进小组,召开学校校务会、级部组长会、全体教师大会等专题会议进行动员,深入做好组织发动工作。学校利用微信公众号、宣传栏等媒介宣传报道开展"十个一"项目的重要意义、方案内容等,让学生、家长人人知晓。微信公众号开辟了"落实十个一"专栏,定期推送活动情况,向家长做好宣传。

二、纳入课程体系,融合课堂教学,丰富"十个一"项目内涵

1. 以"传统文化活动"为依托,沉淀学生文化积淀

学校将经典诵读融入课堂与课程,每天利用早自习开展"诵读微时光"活动,学校语文教师将诵读诗词有机地融入课堂学习、课前五分钟朗读等活动中,创造性地开设吟诵课、朗诵课等;学校在"小先生自主走班日"开设了"经典诵读""现当代诗歌鉴赏"等课程;在"学国学、诵经典、传美德"系列活动中,通过初赛、复赛、级部对抗赛的形式,让学生进一步感受古诗词的魅力。

2. 以"富养阅读"为抓手,培养自主阅读习惯

学校开展"富养阅读"计划,在语文教学中,重视习得阅读方法,结合文本拓展阅读篇目,结合区推荐书目(必读书目及选读书目),组织学生每月精读一本有助于成长的纸质书。培养学生自主阅读、热爱读书的好习惯,将其与个人成长、情感体验、感悟体会相结合,与学科作业相结合。学校每天定时开放图书室、阅览室、读书角,在图书室会看到学生静静排队借书的身影,在阅览室会发现席地而坐看书的学生,教室图书角有各班学生自发漂流来的图书……此外,引导学生坚持把所见、所闻、所感不拘形式地记下来,形成周记。学期末全校开展了"促常规、展特色"的作业展评活动,形式多样的周记本得到全校师生的一致赞誉。

3. 以"三级小先生"为载体,提升思维能力和表达能力

"角色小先生""助教小先生""讲师小先生"是学校一直坚持的特色工作,"小先生制"将学生推向课堂前沿,鼓励学生发出自己的声音。学校设立课前"三分钟演讲",可以讲自己的见闻,可以讲读书的感悟,可以和同伴交流对某一个主题的看法,让学生敢于表达、自信表达。"讲师小先生"鼓励学有余力的学生围绕自己擅长的主题、自己研究的实践成果开设讲坛。在青岛市地校课程现场会上,8 位"传统文化小讲师"赢得了与会专家的一致好评。

4. 以"综合实践课程"为助力,引导学生崇尚劳动

学校根据不同年段特点,在综合实践课上开展劳动教育和技能的培训。在校内我们有"小先生自能岗""情智农场""小帮厨"……在校外我们创造条件,通过多种社会实践活动,如参观场馆、走进种植园、走进敬老院,增强学生的社会责任感和社区服务技能。

5. 以"国家课程校本化"为突破,丰富学生的艺体技能

学校结合音乐、美术、体育等国家课程的校本化实施,深入实施体育、艺术"2+1"工程,培养学生掌握球类、游泳、跳绳、踢毽子等运动技能,让学生在校期间自主选择学习一至两项艺术才能,每学期找出一至两首学生喜爱的歌曲,指导好班级合唱,确保"每班一歌"。

三、融入学校活动,树立全面人才观,落实"十个一"项目推进

为实现"在活动中推进、在体验中渗透",学校借助艺体活动、"十二文化节"开展了

形式多样、内容丰富的特色教育活动。

1. 艺术活动展风采

为落实"十个一"项目行动计划,让每个学生掌握一项艺术才能,学校深入实施了"三团两类""一校一品"建设和积极开展"非遗文化进校园""戏剧(曲)进校园""花样合唱节""达人舞台"等。学生获得了青岛市艺术节啦啦操比赛一等奖、青岛市合唱比赛一等奖、青岛市戏剧比赛一等奖、青岛市班级合唱比赛一等奖。合唱团的学生上演了一场"快闪活动"——《我和我的祖国》,把小提琴、长笛、古筝演奏融入其中,全校学生跟随着音乐一起摆动,一起演唱。学校还开展了"大课间快闪舞蹈"的学习,动感音乐一响起,全校学生就投入快乐的舞蹈之中。

2. 阳光体育强体魄

为落实"十个一"项目,学校开展了"达标争优,强健体魄"活动,督促学生上好一节体育课,练好一次体育活动,完成一次体育作业,用好一本锻炼手册,参加一次运动体质监测,开展"我的运动有处方"——私人订制体育作业。学校还加强群体性体育活动的开展,举行了秋季趣味运动会暨迎国庆传统文化展示活动、"校园吉尼斯挑战赛"跳绳比赛、仰卧起坐比赛、"校长杯"足球比赛、羽毛球比赛等。五年级学生参加区体质监测抽测合格率为100%。学校男子足球队夺得了第28届、第29届"市长杯"男子足球甲组丙级亚军,"区长杯"中小学生足球比赛甲组乙级冠军。

3. 实践活动增见识

学校坚持让学生每学期参加两次以上主题研学活动,在节假日由家委会组织。研学主题多样化,例如"馆藏天下",组织学生走进各个主题馆,如市博物馆、道路交通博物馆、党史博物馆,在场馆中学习知识、增长见识。

4. 劳动教育长技能

学校设立小先生自理岗、自净岗等锻炼岗位,学生自主申报,期末学校评选优秀岗位明星予以表彰;开展整理书包、叠衣服、戴红领巾、系鞋带等挑战赛;开展各项劳动实践活动,如包粽子、做月饼、到敬老院做小志愿者;寒假期间,开展了"学包饺子"活动,让学生在劳动中体验收获的快乐,并逐渐养成劳动习惯。

5. 演讲、志愿活动献爱心

学校成立少年宣讲团,通过组织校园演讲比赛,推选20名学生参加区级演讲活动。我校7名学生加入区少年宣讲团,参与了市北区纪念改革开放40周年宣讲启动仪式。10名学生从青岛市"童星演说家"海选中脱颖而出,走进QTV-6演播大厅录制节目。

"十个一"项目行动的落实,进一步促进了学校的学生全面和谐地发展,提高了他们的学习兴趣,增强了他们的创新精神和实践能力,拓宽了他们的视野、锻炼了他们的才干、增长了他们的知识。学校会继续将"十个一"活动持续、深入、高效地开展下去。

案例 23

心理资源整合与心理危机预防

青岛为明学校

一、整合校内外心理资源,合力做好心理健康教育教学工作

(一)心理专家进校园

根据青岛市提供的心理专家资源库,充分利用在青高校优质心理健康教育资源,我校与中国海洋大学心理咨询中心、青岛职业技术学院心理咨询中心建立结对机制,定期开展"心理专家进校园"活动,开设"心理专家工作室"和"心理大课堂"专题讲座,开展学生心理辅导实践研讨、教育科研、教师培训、专业督导等活动。

(二)引入社会资源提高学生心理健康教育工作水平

我校从 2016 年开始引入青岛心理咨询师协会、青岛市精神卫生中心、艾德心理学院、博睿智教育、中国陶行知研究会、青岛新阳光心理研究所等社会资源提供心理服务。4 年来,各合作机构进校服务班级 16 个,提供团体沙盘 28 次、个案咨询 182 人次、班级心理健康团体活动 16 次。我校通过拓展心理服务内容,向师生推介社会心理服务资源,帮助师生掌握向专业的医疗机构和心理援助机构寻求专业支持的方法,为师生提供个性化、专业化、多元化的心理健康服务。

(三)家校共育,将心理健康教育融入家庭教育指导

我校通过家长学校、家长委员会、家庭教育服务站等阵地开展心理健康教育知识讲座或活动,提高家长预防和识别孩子心理问题的能力。我校在家长委员会中设立心理工作委员会,及时关注学生和家长的心理动态,并定期进行交流和分析。我校通过"家长大课堂""家长面对面"等形式,结合家长会、家长开放日、家访等活动,引导家长注重良好心理素质的养成,以积极、健康、和谐的家庭环境影响孩子。

二、建立完善的心理危机干预机制,构建"学校—心理咨询中心—班主任(生活老师)—心理委员四级网络机制"

我校建立了学生心理危机识别和早期干预机制,建立了学生心理问题会诊制度、学生心理危机预警台账,定期分析研判,制定干预措施;与精神卫生中心密切合作,针对有严重心理问题或心理危机的学生探索建立个案转介的绿色通道。

(1)我校成立了心理健康与危机干预工作领导小组,形成以专职或兼职心理教师为核心、班主任为骨干、全体教师和班级心理委员共同参与的四级心理健康网络工作机制。

(2)我校建立了完善的心理危机干预预案。

(3)我校购买中国心理网心海软件测评系统,全面监测学生的心理状况。我校用专

业心理评估结合自我报告、日常观察、访谈等方式,每年对全体学生进行心理健康状况检测,动态监测分析学生的心理状况,为每位学生建立心理档案。

（4）我校对全校教职工开展识别与应对常见学生心理问题的培训。

（5）我校对存在心理问题的学生进行早期识别和辅导,主动约谈,对问题较严重的学生进行跟踪式辅导。我校对个别有严重心理疾病的学生,在征得家长同意后,及时转介到相关心理诊治部门进行治疗,同时跟进和辅助。

（6）心理健康课程的开课率达到100%,起到心理危机预防的作用。

案例24

"自律"教育,培养学生良好习惯初探

平度经济开发区厦门路小学

自律,是一个人要获得更高成就所必备的品质。

自律究竟有多重要?苹果品牌的创始人史蒂夫·乔布斯这样说过:"自由从何而来?从自信而来,而自信则是从自律而来。"自律让乔布斯保持凌晨4点起床,每天在限定时间内完成工作。正是这种极强的自律让乔布斯带领公司走出低谷,创造辉煌。

小学生的心理稳定性较差,容易产生情绪波动,有较强的自尊心和自主意识,但同时又缺乏自控力,遇到困难容易退缩,受到批评时容易沮丧,难以坚持好的习惯。因此,教育小学生需要教育者有极大的耐心和爱心,充分理解和体谅他们的所作所为。教师、家长和社会要合力对小学生进行指导和约束,即以"他律"为主进行教育。

首先,教师要以身作则,率先垂范。班主任是班集体的一分子,要积极参与班集体活动,以身作则。要求学生做到的,教师要率先做到。要求学生不迟到,教师就要在上课铃响之前进教室;要求学生每天按时完成作业,教师也要当天批改作业并发到学生的手中,不得隔日;要求学生不随地丢垃圾,那么教师就要自己先做到,等等。常言说得好,身教胜于言教。学生的自律性会在教师潜移默化的影响下逐步增强。"润物细无声"是最好的教育,也是学生最愿意接受的教育。

其次,教师应把握小学生的心理发展特点,让其逐步树立自律意识,培养良好的学习和行为习惯。学生的一般学习习惯包括上课习惯、课前准备习惯、作业习惯、预习和复习习惯以及文具的整理和使用习惯等。根据学生的特点,教师首先对学生进行具体的学习行为训练。

再次,教师应充分调动学生的积极性,树立班级小榜样。教师通过班级积分制,评选每周和每月自律之星,对自律之星进行表彰并将其照片张贴在班级宣传栏上,激励其他学生向榜样学习,使更多的学生自觉进行自我管理,为培养自律意识打下基础。

自律,是一门学问,这门学问自先秦时期就出现了。《礼记》中记述了儒家先贤的一句话:"君子必慎其独也。""慎独"二字,"慎"即"心真","独"指"独处",独处之时仍旧心真,谨慎行事。行,有律于己;做,无愧于心。这便是这千年古训的要旨所在。

自律,是我们内心的一股力量。江水因为有了河床,才避免了泛滥,最终流向梦想的大海;轮船因为有了导航仪,才不会迷失方向,最终驶向胜利的彼岸。学生从小学会自律,长大才会成长为栋梁之材。

案例25

传统文化德育活动的主题化、序列化、课程化

平度经济开发区厦门路小学

经过历史的发展与沉淀,优秀的传统文化成为我国不断发展的文化基础。当前我国社会越来越重视对传统文化的继承与发扬,而随着增强文化自信的提出,在小学德育教学中对优秀的传统文化进行渗透,也已经成为我国小学德育教学的新途径。

厦门路小学加强对传统文化的德育研究,主要基于两点考虑:一是在国家层面上,根据教育部《完善中华优秀传统文化教育指导纲要》和《关于培育和践行社会主义核心价值观进一步加强中小学德育工作的意见》文件要求,将中华优秀传统文化融入小学德育教育工作,是践行社会主义核心价值观,培养小学生优秀道德品质的关键和基础。二是在学校层面上,在目前的小学教育中,德育一直处于尴尬地位,学校往往会把德育教育放在前列,但又不付诸实际行动,让德育教育空有名头。很多学校对传统文化价值的认识存在偏差,师生对传统文化的认识也存在一定偏差,这导致在小学德育教学中传统文化渗透效果不佳。由于传统文化渗透的途径不一,目标及内容不明确,教师或学校所选择的传统文化内容容易脱离学生的实际生活,无法跟上时代的发展。学生对于传统文化也无法产生足够的兴趣。

基于以上考虑,将传统文化德育活动的主题化、序列化、课程化研究作为重点,第一,有利于进一步丰富和发展教育价值实现理论,推动"育人为本"和"文化育人"教育理念的强化及发展;第二,有助于培育以德为中心的个体价值取向,促使学生将传统文化内化于心、外化于行,促进学生形成正确的世界观、人生观、价值观,形成更加完善的人格和优秀的品质;第三,能够为学校、教师、家长提供教育参考,让学校找到立德树人教育中的突破点,为教师结合学生实际准确评估学生的品德发展水平、采取适当的教育策略给予帮助,让家长通过对子女进行传统文化德育活动的策略运用,达到让每一个子女内心世界丰盈、个人内涵提升、社会适应性增强的目标;第四,有助于巩固社会稳定,有助于形成以家庭为中心的伦理观念。

厦门路小学通过对传统文化德育活动的系列研究,面向家庭推广优秀传统文化,加强学校、家庭、社会的传统文化认同感,有利于实现家庭和谐、社会稳定。

厦门路小学结合传统文化德育活动开展情况,通过专家团队引领,打造了一批特色鲜明、课程实效性明显的传统文化德育课程,构建学校完善的传统文化德育活动课程体系,指导德育教学工作。

最重要的是,通过对传统文化德育活动的推广,培养学生高尚的思想品德,让学生将优秀传统文化内化于心、外化于行,培养德、智、体、美、劳全面发展的新时代好少年。

案例26

家校共育,让"自信之花"绽放

平度经济开发区厦门路小学

平度经济开发区厦门路小学是一所山东省规范化学校。多年来,学校在不断发展中积淀了浓厚的历史底蕴和文化内涵,在"让每个孩子享有自信与成功"办学指导思想的指导下,让每一名师生都能成为"自信、自强、自主、自律"的适应社会发展的新时代人才,打造学生、家长及社会都认可的"自信"教育品牌。

一、家庭教育主题活动

(一)一体化推进家长委员会建设与创新

1. 制度建设

建章立制,明确责任。近年来,学校不断完善《厦门路小学家长委员会章程》《重大活动参与制》《家长参与学校课程建设制度》《厦门路小学家长公约》等,为家长委员会(后称"家委会")正常运行提供了制度保障。

2. 课程建设

学校结合不同年龄段学生身心发展特点及在家庭教育中家长面临的突出情况,组织骨干教师、优秀家长深入调查,于2019年编制了校本教材——《让"自信之花"在家校育人的路上精彩绽放》,教材也会根据家庭教育中出现的新问题不断进行修订。

3. 基地建设

2020年,学校被青岛教育科学院推选为"青岛市家庭教育专业化指导实验基地",更好地发挥了家庭在弘扬社会主义核心价值观、促进青少年成长中的重要作用。

4. 平台建设

学校充分利用网络平台,做好宣传互动。学校的公众号、家委会公众号展现学校教育教学理念、办学特色、家庭教育知识等内容,科学全面,定期更新。学校公众号有家庭教育专栏,定期推送亲子日记、家长驻校日记和家长参与学校活动的报道等,这是对学校家庭教育工作的宣传,也引领更多家长参与到学校管理、教育教学、科学教子等活动中。

（二）特色活动推进校内外资源建设与共享

1. 主题家长节

自 2017 年开始，学校每年举办家长节，为期一周，影响深远。2017 年 9 月，学校成功承办青岛市"家长进学校"现场会暨第一届家长节，以"相亲相爱一家人"为主题，带动更多家长走进课堂，丰富了课堂教学资源，拓宽了学生的视野；2018 年 9 月，以"厦小之约——开启阅读之门，书香盈满家庭"为主题的第二届家长节，让更多家长重视亲子阅读，赢得了市领导的一致好评；2019 年 10 月，以"站在父母的肩膀上"为主题的第三届家长节，将家长的自我教育作为提升家庭教育质量的突破点，家长意识到要想改变孩子，首先要改变自己；2020 年 10 月，学校开启了以"家风家训——一个家庭最宝贵的财富"为主题的 2020 年平度市家长节启动仪式暨厦门路小学第四届家长节展示活动，旨在寻找家庭中的榜样力量，引领更多家庭树立良好的家风，让良好的家风影响更多的家庭和个人成长。每年一届家长节，确立不同的主题，只为构建更加和谐的家庭教育环境。

2. 家庭教育优秀案例征集

在家长群体中寻找模范，借助学校及家委会公众号，用模范家长的亲身经历启发更多家长注重家庭、注重家教、注重家风。2020 年 6 月，孙宝钧同学的家庭故事被推选为青岛市优秀家教故事，尚源希同学的妈妈在全市"大手拉小手，共建美丽家"活动中做经验交流。

3. 组建亲子日记成长群

2017 年，学校开始推行"亲子日记"，引领家长在反思中自我成长。亲子日记引领着更多家长和孩子抱团成长，成为优秀的家庭教育素材。学校多次电话回访交流，许多家长表示通过"亲子日记"，自己的情绪调整得越来越平和，孩子的语言表达在潜移默化中越来越流畅、清晰，而且通过实际行动孩子明白了什么是"坚持"。学校为激励一直坚持撰写亲子日记并分享的家长，每学期请学校家委会组织评选出优秀家长，举行隆重的颁奖仪式。

4. 家校互访深入落实

我校青年教师利用暑假走访班级全体学生的家庭，与家长交流，赢得家长的认可。

5. 课题研究，精准施策

为促进教师主动发展，学校倡导教师人人有课题，年年有成果。教师先后参与的省、市级研究课题（如《小学家校协同育人模式的探索与实践》）均已结题。

6. 亲子运动会

自 2016 年开始，学校在每年 4 月（2020 年除外）举办亲子运动会，设置多个亲子运动项目，邀请部分家长担任裁判，共同见证孩子在赛场上的竞技水平。这已经成为孩子展现自我的舞台，既融洽了亲子关系，又让孩子收获了快乐，也让孩子感受到了家长对自己的支持和爱。

7. 家长驻校日

学校为家委会设立办公地点，实行"每周驻校办公制"。家委会成员统一着红色制服，佩戴工作证，每周轮流到学校轮值护校、听课、参与学校活动等，保证了疫情防控各项工作顺利开展。家长深切感受到自己是学校的一员，更自觉地承担起相应的责任。通过每周驻校活动，家长可以及时了解孩子在学校的动态，以便更有效地开展家庭教育。家长为学校工作献计献策，促进学校管理工作水平不断提升。

8. 家长授课

家长进校授课活动由班主任牵头，各班家委会成员组织。家长根据自身特长向班级提出申请，由班主任审核后统一协调来校授课。授课内容丰富多彩。

家长学校特色活动如火如荼地举行。学校搭台，家长助力，学生受益。特色活动的开展是对学校教育工作的有益补充。

二、队伍建设

学校注重加强师资队伍建设。学校不断完善师资队伍，现有一支由平度市家庭教育讲师团指导，校领导支持，校优秀教师、优秀家长代表及老干部、老军人、老模范参与的家长学校家庭教育兼职教师队伍，为学生及家长定期举行报告会。学校还聘请专家做讲座，提升该队伍的家校工作的能力。

学校在每学年初印发全校家长调查问卷，了解家长情况，包括职业、工作时间、年收入、爱好等，制定评选方案，层层推选出一支由"校家委会—级部家委会—班级家委会"三级构成的家委会团队。他们工作热情，以身作则。

三、影响与收获

近几年，来自广州、成都等地的多个参观团到我校考察。我校的家校教育经验、承担的现场会等活动多次被《今日平度》、大众网等媒体报道。我校的家校教育做法在第五届青岛市教育改革成果《构建县域内家校社合育模式》中入选典型案例。

学校家委会多次被评为"青岛市优秀家委会"，家委会宫培周同志连续两次被评为"青岛市优秀家委会主任"。学校也先后被邀请出席第一届和第二届全国家长论坛，分享学校家委会建设新理念。陈文杰校长荣获全国最具影响力校长，宫培周主任荣获全国最具影响力家委会主任和全国优秀亲子日记践行者，于晨阳同学的爸爸荣获全国最具影响力家长。学校于2019年成功申请了青岛市家长示范学校。

厦门路小学几年来一路耕耘，一路收获，不论在教育教学质量提升、学生常规管理还是家长满意度调查等工作中都取得了显著成效，成果喜人。

四、新起点、新征程

（一）家庭教育课程化的校本探索

学校正在开发能真正落地生根的校本课程，将成立家庭教育课程工作坊，从活动设计与组织实施、资源开发与有效利用的角度,开发课程资源,让家长在家庭教育中有章可循,丰富家庭教育知识,提升家庭教育质量。

(二)持续打造家长节校园文化特色

每年一届的家长节,确立不同的主题,引导家长将自我教育作为家庭持续发展的源泉和动力。学校意在打造平度乃至青岛特色文化家长节,辐射带动更多的家庭和学校。

目前,学校的家校育人工作扎实有效推进,已经成为密切学校与家长关系、形成家校育人合力的重要途径。

案例 27

推进"一生一策"工作的实践与思考

莱西市姜山镇泰光中学

一、学校概况

莱西市姜山镇泰光中学地处莱西、莱阳和即墨三区市交界,位于姜山工业园内,是一所地地道道的农村学校,学生基础薄弱。以我校 2017 级毕业生为例,共有 427 名学生,其中留守儿童、单亲家庭子女和外来务工人员子女多达 126 人,接近总人数的三分之一,学生两极分化极为严重。面对这种严峻形势,我校认真学习领会青岛市和莱西市两级教育主管部门关于做好"一生一策"工作的指导意见,组织全校干部、教师深入讨论和研究,确定了我校做好"一生一策"工作的基本原则:加强领导,建立机制,压实责任,做到因材施教、精准发力,齐抓共管,形成教育合力,不断提高后 30%待优生的综合素质。

二、具体做法

(一)建立待优生档案和联系卡

班主任牵头,对各班级后 30%待优生进行充分调查研究,逐一分析他们的情况和问题,为他们建立档案和联系卡,并研究适合学生实际的工作对策,即"一生一策"。通过建档立卡,加强对学生的了解和关注,跟踪记录学生在校成长档案,见证学生进步、发展的轨迹。

(二)建立健全待优生培养工作机制

(1)建立任课教师与后 30%待优生的谈心制度。班主任、任课教师每月与后 30%待优生至少谈一次心,进行一次思想交流。一是主动与学生交心,和他们做朋友,拉近师生距离,减少和消除教育情感障碍。二是及时、多方面了解学生在思想、生活及学习等方面的问题、困难和需要,以便及时调整教育、帮助措施,取得积极的教育效果。

(2)加强对后 30%待优生的学业指导,实行分层次教学。任课教师在教学的各个环节(教学研究和集体备课、上课、检测、作业、辅导)对待优生均要有针对性设计,扎实推进分层次教学。级部每月要组织一次以班级为单位的待优生学情会商。

（3）建立任课教师与后30%待优生的定期家访沟通机制。教师要加强与学生家长的联系。教师通过进村入户家访和家长会等方式或利用微信群、钉钉群开展家校沟通，指导、督促家长承担起家庭教育责任。

我校安排待优生每学期末给父母写一封信，让他们向父母汇报自己的思想、学习、生活等情况。

（4）建立关爱后30%待优生经验交流制度。我校每学期召开一次后30%待优生教育管理工作经验交流会，不断探索新方法，不断提高对后30%待优生教育管理的水平。

（三）完善待优生培养工作检查考核机制

我校将关爱后30%待优生工作纳入教师考核和班级考核。教师考核主要体现在教学常规要求中"一岗双责"落实和学生辅导部分，班级考核主要体现在学生综合素质培养（突出学习习惯养成）和班级学业成绩两个方面。

我校对取得突出成绩的班主任、任课教师给予表彰、奖励，同时对后30%待优生中进步大的学生给予表彰。

三、工作成效

经过全校师生的共同努力，我校的"一生一策"工作取得了显著成效。以中考为例，我校2019年普通高中录取率提高了25%，2020年又提高了10%。

四、工作体会

（1）要加强班主任队伍建设，发挥班主任的核心作用。

（2）家庭教育很关键，要教育、引导家长为孩子创造良好的家庭教育环境。

（3）工作中既要加强制度建设，做好整体设计，又要狠抓落实，要抓住工作的每一个关键环节，持续推进，久久为功。

五、一点期望

随着新型城镇化的深入推进，农村学校的发展环境也发生了深刻的变化，应该说是"危中有机"。有人说"义务教育均衡发展的短板在农村"，我们衷心希望国家能全面分析、研究农村教育发展所面临的问题和挑战，进一步落实支持农村教育发展的各项举措。

习近平总书记在党的十九大报告中指出"努力让每个孩子都能享有公平而有质量的教育"。在推进"一生一策"工作中，我们深感任务艰巨、责任重大，我们取得的点滴成绩与家长、社会、上级的要求还相差甚远，我们的工作永远在路上。今后我们将坚定不移地落实好青岛市教育局关于"一生一策"工作的指导意见，抓好莱西市教体局"一生一策"方案的落实，将"一生一策"工作重心下移，从基础年级抓起，从习惯养成抓起，从学生核心素养抓起，坚持抓反复、反复抓，不断促进待优生转化，努力减少两极分化，不负学生，不负家长，不辱使命，为学生的美好未来奠基！

案例 28

基于国际理解教育的小学德育课程体系建设实践研究

青岛大学路小学

青岛大学路小学始建于 1933 年,前身为两湖会馆。作为一所传承与发展已有 87 年(至 2020 年)的老校,学校将国际理解教育与日常的德育课程紧密结合,通过"品·智"德育体系的创建及橄榄球特色项目的创办,为学生成为具备国际视野和全球意识的"品·智"小公民搭建了平台,为学校的持续发展注入了活力。学校向着"创名校、做名师、育英才"的办学目标不断迈进,办学特色在"优师高质"的基础上不断沉淀和积累,最终发展和提升为国际化的"品·智"文化创建。学校完成了具有独特个性的,包含课程目标、内容、途径、评价在内的国际理解教育课程设计,使国际理解教育做得更规范、更系统、更具体。

一、构建具有国际理解力的大课程体系

学校"品·智"课程是以培养学生学科素养为目标,以大学科观念统整为理念,以"知识 + 活动"为载体,以"基础 + 延展"为方式建构课程内容,指向国际理解力的"品·智"课程群。

1. 打造特色橄榄球课程,让师生"走出"国门

作为橄榄球特色学校,为了使学生掌握橄榄球运动的基本理论知识和技术,树立正确的体育观念,养成锻炼身体的良好习惯,培养高尚的人格,结合"1+X"特色体育项目——"英式橄榄球活动"的开展,学校自主开发实施了校本课程——橄榄球文化。该课程与体育课、综合实践活动课紧密结合,以英国的橄榄球运动为载体,介绍橄榄球文化,为学生打开了解世界的窗口,让学生热爱运动。校本课程开发团队成员潜心研究,不断积累经验,在教材《橄榄球文化》第一版、第二版、第三版的基础上,拓展思路,合并归类,编写了教材《趣味橄榄球》《竞技橄榄球》,并印刷成册。同时,实验版《橄榄球文化课程标准》也已定稿。有了课标作为指南,有了系统、科学的教材,特色学校课程——"橄榄球文化"的开发和实施,向着更为规范之路迈进。

2. 潜心建设,构建国际化校本课程体系

为了体现学校"文化立校"的办学管理理念,进一步突出学校国际理解教育的特色,满足学生个性发展的需要,学校在规范实施特色校本课程——"橄榄球文化"的同时,进一步完善了班级校本课程的建设。班级校本课程分为"生活技能""艺术修养""身心素质""科学素养""学科知识"5 个领域,有 28 个门类。根据国际理解教育的发展理念,学校将"世界之窗""小脚丫走天下""世界儿童文学欣赏""美丽芭蕾""击剑文化"等融入走班课程中,通过开设丰富多样、富于国际化视野的兴趣走班课,赋予每个学生选择性发展的权利,引导和促进学生个性的发展,从而拓宽学生的视野,促进其潜在能力和特长

的充分发展。

3. 不同学科渗透,拓宽课程实施途径

语文学科不断探索,与研究课题《"三读一线"课内外阅读有效链接的策略研究》相结合,依托学校语文大阅读研究工作室,以语文教材为核心,进行拓展性阅读。例如,学校将局部著作的阅读扩展到整部著作的阅读,另外还向全校学生推荐科普类、文学类等国内外经典课外读物,使学生的读书量不断增加。学生在语文学习中,增进了对异国文化的理解,培养了开放包容的胸怀和开阔的国际视野。学校自主开发的"趣味数学"课程,以数学学科的知识体系为依托,充实、吸纳一些新的数学信息,走出书本,走进生活,走向国际,在立足于学生的思维训练、培养学生的数学素养的基础上,还有意识地培养学生的国际意识。学校英语老师走出国门,到世界知名学校进修,能将先进理念融入日常教学中,提升学生的国际视野。音乐、体育、美术等其他学科也从教材的内容方面,对学生进行国际理解教育的合理渗透。

4. 国际小公民课程,让师生放眼世界

学校在每学期的第一个月举行"我眼中的世界"国际小公民课程分享会,让学生展示其在假期中游走世界的足迹,分享其感受。班级优秀的课例在全校进行交流分享。更多的学生参与其中,感受世界文化、景观、地理、人文等,在广阔的世界里畅想未来。

二、携手德育活动,培育国际化视野的"品·智"小公民

1. 少先队活动提升队干部素养

学校大队部组织了"喜迎十九大,童眼看世界,做国际小公民"大学路小学少先队干部素养提升展示活动。27名队干部利用课余时间自发组织、策划,从世界角度了解中国。活动分三个组进行,分别从节庆礼仪、世界建筑、经济及军事方面进行研究和展示。

2. 社团活动助力德育课程体系建设

学校的艺术社团丰富多彩,近几年也走向国际舞台,崭露头角。学校的合唱团参加了在波兰格但斯克举行的欧洲合唱节,还参加了在莫斯科举行的"第15届国际青少年艺术节国际音乐竞赛",取得了优异的成绩。学校戏剧社参加了在英国举行的"英国伦敦国际青少年艺术节",在英国的舞台上展示了精彩的戏剧——《爱丽丝梦游仙境》,并与英国友好学校的学生交流。

3. 小橄榄球舞动大世界

学校作为中国第一所被授予世界橄榄球步进推广计划示范中心的小学,依托橄榄球文化平台,2013年与新西兰基督城豪斯威尔小学建立了友好学校的关系,并多次组织互访交流活动。近5年来,两校师生深入互访6次,访问师生120余人。两校的橄榄球友谊赛是每次交流必不可少的,不仅让参赛者切磋了球技,还让他们感受到橄榄球运动"人人为我,我为人人"的运动精神。

去新西兰访问时,我校学生都入住新西兰友好学校的学生家庭,受到热情接待。他

们深切感受到新西兰家庭的生活环境及文化背景,感受到新西兰人民的文明与礼仪修养,与新西兰学生结下了深厚的友谊。新西兰友好学校的师生每次回访,也满载着友谊与热情。他们参观我校校舍、了解我校教育发展情况,并全天同我校学生一起上课,了解我国的教育文化。新西兰友好学校的学生结对入住我校学生家庭,进行深入的体验活动。中国家庭的生活方式、待客礼节,给他们留下了美好、难忘的印象。

基于国际理解教育的课程体系的构建离不开教师团队的群策群力。教师团队要挖掘自身学科特点,走出去,将国际视野下的学科元素融入自身的学科课程体系中,丰富课程资源,以教育的国际化实现教育的现代化发展。

案例 29

用自己的力量去成长

青岛北山二路小学

在北山二路小学的教室里,你经常会听到这样的声音——"请同学们拿出语文课本,摆放整齐,做好下节课的课前准备。""请大家注意读写姿势,牢记一尺一寸一拳头。""请同学们铺好餐垫,排队洗手,准备吃午饭。"……

你还会看到这样的情景——课间总会有人及时打开门窗通风透气;同学们走出教室后总会有人将电子白板、电灯及时关闭;教室的图书角、卫生用具总会被人摆放得整整齐齐……

你听到的、看到的,是正在坚守岗位的学生,他们的岗位虽然分工不同,但是有一个共同的名字——"小先生自能岗"。

苏霍姆林斯基说过:"真正的教育是自我教育。"英国教育家斯宾塞在《教育论》中也指出:"记住你的教育目的应该是培养成一个能够自治的人,而不是一个要别人来管的人。"为进一步推进现代学校制度建设,鼓励学生自治,站在学校"小先生"特色整体育人的高度上,我们通过设立"小先生自能岗""红领巾志愿服务岗""小先生公益岗",实施学生自主管理,培养其积极参与班级、学校与社会活动的意识,提高人际沟通的能力及对各种新环境的适应性。

一、"小先生自能岗"——我的班级我做主

班级作为学校的基础单位,是培养和实施学生自主管理的重要阵地,如何能调动所有学生的积极性,让他们主动参与到班级管理中来呢?本着一人一岗位、一人一职责的原则,我们在班级内设立了"小先生自能岗"。学生从班级工作的需要和自己的意愿出发,把班级的管理任务具体细化为一个个明确的岗位,然后根据自己的特长,自主选择一项为班集体服务的工作,做到各司其职、各负其责。

"小先生自能岗"分为"小先生自律岗""小先生自净岗""小先生自护岗""小先生

自理岗"。这4个岗位下又划分了具体的职责,例如"小先生自律岗"中设置了"读写姿势提醒小先生""课前提醒小先生""课间纪律小先生"等岗位,主要负责提醒同学养成良好学习习惯,管理好同学参与班级活动时的纪律。"小先生自净岗"中设立了"卫生工具摆放小先生""倒垃圾小先生""地面管理小先生"等岗位,主要负责管理好班级卫生,为班级营造干净、整洁的环境。"小先生自护岗"中设立了"开关灯小先生""桌面管理小先生""白板管理小先生"等岗位,主要负责管理教室公物,提醒同学爱护班级中的所有事物。"小先生自理岗"中设立了"图书管理小先生""绿色环保小先生""分餐小先生"等岗位,负责管理班级的图书借阅、绿植养护,帮助同学抬饭、分餐等班级事务。

"小先生自能岗"的设立让每个学生都有了为班级做贡献的具体任务,鼓励学生做到自律、自净、自护、自理,促进班级管理的民主化,不仅增强了学生的参与意识和对班级的责任感,还培养了他们独立工作的能力。实践证明,在班级管理过程中学生参与得越多,他们的责任感就越强,自主管理能力就提高得越快,班级的面貌也会越好。"小先生自能岗",为学生搭建了自主管理的平台,焕发了全体学生的活力。

二、"红领巾志愿服务岗"——我的学校我做主

随着"小先生自能岗"在班级内的平稳运作,学生的日常行为越来越规范,自主管理的能力也在日渐提升。为了激发学生"我是学校小主人"的主人翁意识,学校以"立足校园,诚信奉献,服务他人,锻炼自我"为宗旨,建立了"红领巾志愿服务岗"。"红领巾志愿服务岗"的设立与少先队志愿服务相结合,引导学生践行社会主义核心价值观,树立服务意识,可以说是"小先生自能岗"的升级版。其管理层面由班级上升到学校,自主管理的角度更全面,参与岗位的实践性更强,对学生能力的要求也更高。

在"红领巾志愿服务岗"设立的初期,我校成立专门的评选小组,根据学生的民主建议在校园内设岗,主要包括"少先队队课宣讲志愿岗""运动设施安全服务岗""红领巾广播站志愿服务岗""文明分餐志愿服务岗""农场采摘志愿服务岗"和"纪律卫生监督服务岗"等。这些岗位都是学生从自己的角度出发,本着为同学服务、为学校服务的原则去拟定的,再由学校少工委讨论审议,最终确定。我校面向全校学生招募岗位人员,进行岗前培训,对培训合格的学生颁发聘书,每月对岗位人员进行考核,在学期末进行表彰。"红领巾志愿服务岗"的设立,在培养学生自主管理能力的同时,也增强了他们的服务意识,用更有价值的方式让学生在服务他人的同时也获得成长。

三、"小先生公益岗"——我的活动我做主

自主管理能力的培养,旨在引导学生从自信走向自主,从自主走向自强,但我们最终的目的是让学生从自强走向自如,培养他们灵活自如地适应新时代社会发展需要的能力。在"小先生自能岗"和"红领巾志愿服务岗"的推动下,"小先生公益岗"应运而生。

"小先生公益岗"以志愿服务为宗旨,引导学生积极践行社会主义核心价值观,树立从小服务社会的意识。2020年"学雷锋日"到来之际,我校学生自发组织开展了"'疫'

起温暖身边的雷锋"活动。他们为小区门口的防疫检查岗制作了美观的测温提示语,为驻守小区的志愿者送去了热水和暖宝宝。我校三二中队的范振伟同学亲自录制防疫快板书视频,做起了防疫安全的小"喇叭",为齐心抗疫贡献了自己的力量。在"小先生公益岗"的推动下,我校采纳学生提案,开展了"孝亲敬老,向上向善"重阳节主题活动,走进敬老院慰问独居老人;在"今天我来当楼长"活动中,我校学生清扫所居住单元的消防通道和电梯间;在"小手拉大手,垃圾分类我先行"活动中我校学生担任了所居住小区内的垃圾分类指导员……"小先生公益岗"是我校立德树人工作的重要抓手。在"小先生公益岗"的各项实践活动中,学生了解、体验各行各业的劳动者对社会的辛勤付出,珍惜当下幸福生活的同时,也坚定了他们感恩社会、服务社会、回报社会的决心。

自主管理能力的培养,是每个人终其一生不断坚持与完善的系统工程。"小先生自能岗""红领巾志愿服务岗"以及"小先生公益岗"的设立,既唤醒了学生自主管理的内驱动力,又见证了这项能力拔节生长的全过程。我们会一直坚持最大限度地调动学生的积极性、主动性和创造性,培养他们灵活自如地适应未来社会发展需要的能力,真正做到用自己的力量去成长。

案例30

由"指尖"到"心中",创新构建家校共育新生态

青岛北山二路小学

著名教育家苏霍姆林斯基说过:"教育的效果取决于学校、家庭的一致性,如果没有这种一致性,学校的教学、教育就会像纸做的房子一样倒塌下来。"现代教育不是一个孤立、封闭的过程,而是开放的、现实的、全方位的社会活动。我校稳步、创新发展,学生数量日益增多,家长群体日益壮大,因此更加需要家校合育齐步走。如何提高家长对家庭教育的认识,让家长积极担负起教育者的责任,认同、理解、支持、配合学校开展教育教学工作,形成有效教育合力,是我校亟须解决的问题。随着微信公众号的启用,我校借助"微信留言"这一突破点,积极开展了"我和爸爸妈妈共读微信"活动,鼓励家长积极留言,发表建议。

一、紧追网络媒体发展节奏,率先启用官方微信

网络发展日新月异,加快了生活的节奏,改变了人们的交往方式、学习方式、娱乐方式,把人们带入信息时代。家长参与教育最常见的方式,依然是家长签字、家长会等传统的"旁听式",我校要打破这样的现状,需要做出更多的转变和探索。在微信公众平台这一自媒体刚刚推出时,我校预见到这一新兴事物的发展远景,认为它会给教育带来变化与便捷。于是,我校申请建立了"青岛北山二路小学微信公众号",成为市区教育系统较早拥有官方自媒体平台的学校之一。直到现在,我校微信平台一直坚持由专人负责运营

管理，以便第一时间将我校信息传递给家长。

二、提升教师"主人翁"宣传意识，加强微信平台推广

我校微信平台上发布的不仅是学校活动，还有安全教育、家庭教育方法指导、政策解读、健康贴士、学校食谱等，总能让家长找到对自己有价值的信息。在微信平台的运营逐步走上正轨时，我校积极推动教师全员参与宣传推广工作，让微信平台的图文真正"活"起来。我校分别召开全体教师会及班主任会，向教师详细介绍微信平台推送的目的及重要意义，并要求教师充分树立"主人翁"意识，积极宣传平台推送的内容，将我校的各项工作由点及面，面向全体家长、面向社会发布，深入宣传我校的办学理念，从而取得社会认同及家长支持。

三、开展"我和爸爸妈妈共读微信"活动，拉近家校距离

如何克服微信公众号无法点对点发送至每位家长手机上的弊端，让更多的家长能够主动阅读、深入了解我校呢？我校找到"微信留言"这一突破点，积极开展"我和爸爸妈妈共读微信"活动。为了使活动落到实处，我校在班主任绩效考核中特设"微信宣传"专栏，根据各班家长的参与度、推行效果等多项指标，对班主任的此项管理工作进行考核。平台信息发布后，班主任第一时间将链接分享到班级微信群，呼吁家长下班后和孩子共读，也让它成为家长了解学校的一个新窗口。通过阅读学校微信公众号信息，家长与孩子有了共同的话题。家长在文章下留下自己的真切感言。这种特殊的沟通方式，拉近了家长与学校的距离。

四、运用"微信留言"促进学校管理，深入推进家校沟通

经过不断地探索、实践，教师积极推动，家长高度配合，微信留言已成为我校文化的一道新风景。家长表示，通过学校微信公众号，能够及时了解教育教学动态和孩子的校园生活。而微信公众号中的留言也很精彩，不仅能带来教子启发，还文采飞扬。在这种氛围下，越来越多的家长积极写留言，和学校零距离沟通，与学校、孩子共成长。有家长表示，通过开展亲子共读微信活动，陪伴孩子的时间明显增多了。家长更多地参与到孩子的教育中来，唤醒了其自身的教育者意识。

以"微信留言文化"为家校沟通的"敲门砖"，我校成功举办亲子节系列活动，并为全校每个家庭量身定制了一本实用性、指导性俱全的《我和孩子共成长——青岛北山二路小学家庭教育指导发展手册》。该手册会跟随学生6年，既传递着育人方法和理念，又记录着学生的成长动态。

在推行微信留言文化、加强家校沟通的道路上，我们不断摸索、不断进步。在扎实做好入户家访、电话访、面访，办好家长会、家长开放日等传统家校沟通工作的基础上，学校进一步创新家校沟通方式，拓宽沟通渠道，不断探索学校与家长有效沟通的策略，充分利用学校教育和家庭教育的合力，陪伴学生快乐成长。越来越多的家长真正参与到学校管理中来，携手构建家校合育新生态。

案例 31

家校畅通助力中小衔接

青岛长沙路小学

对于小学来说,中小衔接工作的主要任务是引导六年级学生在小学和初中学段之间的顺利过渡,而对于这项工作,起关键性作用的还是家庭教育。因此,如何依托家长学校,指导家长做好中小衔接的家庭教育工作,是学校毕业工作的一项重要内容。

一、精选成员,保证师资

做实家庭教育,必须要以科学的理论为行为的指导,提高家长学校的师资力量。学校充分挖掘了学校的教育资源,吸纳了家庭教育经验丰富的专家、中学的分管干部和班主任代表、部分骨干家长、有丰富毕业班带班经验的班主任组成"家长学校中小衔接授课团"。专家会教教师和家长成功的教子理论。骨干家长有丰富的教子经验和较高的文化素养。而这些中小学的分管干部、班主任老师在了解学生、了解家长的基础上,可通过有针对性的授课指导家长。稳固的师资力量为家庭教育指导提供了保障。

二、精炼内容,定期举行

中小衔接家教指导论坛,是每年针对六年级家长举行的活动。活动中,学校发挥共同体内资源优势,邀请共同体内中学的干部、班主任和任课教师,让他们为家长传经送宝,帮助家长理解小学和初中的巨大差异,强调提前预习的必要性以及夯实小学知识基础的重要性,引导家长树立早准备、早培养、巧过渡的思想意识,杜绝"顺其自然"的"放任自流"式教育。这样的论坛活动,以点带面,使六年级学生的家长了解初中学习生活的变化、重视小升初工作,受到家长的欢迎和好评。

三、精建模式,创新形式

根据家长的不同层次和不同需求,我们在课堂模式上有所创新,建立起特色课堂。一是针对家庭教育的理念不同、夫妻教育方式的不同,开设"父母课堂",请爸爸和妈妈同时学习,使得家庭教育的目标一致化;二是针对隔辈教育中溺爱的情况,开设"夕阳红课堂",请爷爷、奶奶来聆听、学习;三是针对单亲情况,开设"阳光课堂";四是针对"特殊孩子"的家庭,开设"智慧课堂"。我们了解家庭的特殊需求,把握授课的目标,迎合家长的需求,让课堂取得实效。

四、精心筹备,开放校园

学校开展"真情交流,家校合作"毕业生家长开放日活动,采用"大开放、小推进"的主题开放模式,并在推进的过程中,注重开放日活动的特色化,以"和谐互动、伙伴计划"的思路,有力地促进了家校双层面的和谐发展。

特色一:课堂上中的亲子讨论小组。在家长参与活力课堂的过程中,教师针对家长的参与,设计特别的问题,引导家长与学生共同讨论部分问题,让家长与学生进行拓展延伸。这一举措激发了学生课堂学习的兴趣,也融洽了亲子关系,活跃了课堂内容,扎实地拉近了家校距离。

特色二:"妈妈作业"。在家长开放日中,为了使家长更深入地感受课堂、参与教育,也为了使教师进一步了解学生的学习情况,我们还组织了"妈妈作业"活动,让家长在听完教师的课后,针对学生回家写作业的时间状况,进行当天的作业布置。这种家长布置作业的形式,使家长真正走入课堂、了解教育,而通过换位任务,家长也能够真正理解教师工作,使家校教育真正达成一致。

教学变革篇

案例32

搭建多样化兴趣平台,激发学生创新主观能动性

莱西市院上镇武备中学

兴趣是最好的老师。无论天资如何,没有兴趣学习甚至厌恶学习的学生最终不会取得好成绩。一直以来,激发学生的主观能动性是课程改革的目标。通过教师转变传统的教学观念,设计个性化的教学方案,激发学生的主观能动性,形成师生课堂的良好互动,推动课堂的教学进步。

一、构建和谐的师生关系

美国心理学家罗克斯认为,"成功的教学依赖于一种真诚的理解和信任的师生关系"。师生关系的和谐关系到课堂气氛和学生的学习兴趣。所以,教师要付出一部分时间了解学生,比如,学生平常喜欢看什么类型的书和电影?学生对哪科最有兴趣,为什么?学生最喜欢的偶像是谁?这些问题或许与教学内容无关,但是可以让教师更多地了解学生,更好地安排上课的方式。同时,通过对生活的分享和交流,让学生建立了对教师的信任感,这也是非常重要的。

二、强化学生的好奇心

教学设计中的重点就是要在教学活动中能够凸显出学生的主体地位。教师必须改变传统的教学观念,主要体现在将原来的"教案"变为现在的"学案",从而能够在教学活动中,努力调动学生的学习积极性,充分发挥学生的主体作用。

1. 案例导入

教学的开篇是十分重要的。例如,在化学课程中微观粒子本身就是十分抽象的概念,很难调动学生的学习兴趣,教师可以采用案例导入的方式,抓住学生的好奇心,增加学生学习的乐趣。案例导入可以帮助教师及时掌握学生对以往知识的认知程度,更好地调整教学方法。

2. 任务驱动导入

教师可以在课堂教学的开篇设置学习任务,让学生围绕任务组织讨论、学习。教师可以根据学生完成任务的程度和效果进行总结。学生可以以简单的任务为切入点,进行新课的理论知识学习和实践操作活动。任务的完成可以让学生获得部分成就感,另外疑难任务可以激发学生的学习兴趣,增加学生的学习欲望,这也是教育学家通常强调的"一定要让学生跳起来摘桃子,甚至跳起来也无法摘到桃子"的教学理念。

3. 动听的故事导入

故事能够快速激发学生的学习兴趣,因为很多学生都是听着故事长大的,他们对故事有很深的感情。教师可以通过精彩的故事情节,把学生带入学习的状态中;通过故事

激发他们的求知欲望。

4. 实验导入

对一些抽象的理论知识,教师可以采用实验或模拟实验的方式来导入新课,这样可以吸引学生的注意力,引导学生动手操作,从而激发学生的浓厚兴趣。

三、注重榜样的力量

现在的学生对明星动态如数家珍,而且多半都有自己的偶像。这本不是一件坏事,最重要的是老师和家长要学会引导他们,将这种力量转化到学习中。比如,学生喜欢明星易烊千玺,教师可以告诉学生易烊千玺以专业第一名的好成绩考入中央戏剧学院,而且在行程紧张的情况下文化课成绩依旧高出艺考分数线 132 分,鼓励学生更加努力。一个优秀的榜样,可以变成学生内心的原动力,更可以激发他们的好胜心和求知欲。

四、让学生充分参与到教学中

1. 鼓励学生对知识的质疑,在讨论中探索新的知识

传统的教学是按照"教师问、学生答"的模式进行,这样很难激发学生的兴趣。教师可以改变教学模式,将"教师问、学生答"转变成为"学生问、教师答"。

学生在课堂上提出疑难问题,知道自己不懂哪些知识,从而实现把"教师要学生学习什么"转变为"学生想学习什么"。这样可以使学生得到成长,个性得到发展。

2. 设置真实情景,让学生在实践中获得思想启迪

对于数学、物理、化学中一些抽象的概念和理论,学生往往自主学习的兴趣不高,求知欲望不强;同时也很难通过教师的讲解来获得认知和情感满足。比如,化学中的微观粒子,看不见,摸不着,学生很难理解"分子的无规则运动"这一概念。教师可以准备一瓶酒作为教学道具,课前打开酒瓶盖,学生就会闻到酒散发出的气味。学生还会发现离讲台越近,闻到的酒味越浓;离讲台越远,闻到的酒味越淡。教师告诉学生这就是分子运动的结果,虽然分子看不见,摸不着,但是人们可以感觉到它们的真实存在,从而可以更好地引导学生进行自主学习。

五、精心设计课堂结尾,留有悬念,让学习的领域得到拓展

教学中,精彩的课堂结尾可以起到画龙点睛的效果。如何给一节课画上圆满的句号,同时又能够引发学生对下节课的期待呢?课堂的结尾特别重要。首先,教师可以对学生的自主学习与讨论进行点评和总结。这样学生能够清楚地知道自己对课堂内容掌握的程度和不足,有利于学生课后的复习和补缺。其次,教师要在总结中渗透下一节课的内容,以激发学生对下一节课的期待。

案例33

自主学习报告单

——撬动学生学习方式变革的支点

青岛北山二路小学

当前，我国基础教育课程改革逐渐步入“深水区”，学生学习方式的变革成为这一时期的显著特征，“自主学习”的概念被认识和强化。要想让自主学习真实发生，最好的途径就是让学生成为学习的“主角”。在市北区“生本智慧课堂”理念的引领下，学校以设计使用自主学习报告单为切入口，创新作业形式，锻造学科自主学习链，探索与实践了“三阶一链，任务导学”的教学模式，通过设计作业，实现任务驱动，激发学生自主学习、大胆实践、合作分享、互助共进。

一、依托报告单，重构作业观

作业是教学中的重要环节。作业设计存在于学习的全过程中，也贯穿于整个教学过程。不同的学习环节，需要不同功能的作业支持来促进学生的学习。教师一般认为作业就是练习，是消化、巩固课堂所学知识的训练环节，因此，教师的着眼点往往就在课后作业上。这是一种比较片面的作业观。其实，练习只是一种狭义的作业。学习的一般过程应该是知识的理解与运用的过程，是学生先理解学习内容，再与原有知识建立联系，并在问题解决中进行运用，最后通过一定的熟练化的手段完成记忆、实现知识建构的过程。遗憾的是，很多教师没有注意学习与练习的区别，忽略了学习进程中多样化学习任务的设计，而大量采用与测验高度仿真的练习，直接追求应答记忆的成果，从而出现“以练代学”的现象，使学生“未理解就熟练”。

转变作业观，必须从狭义的练习中跳出来，把作业布置视为学习任务的设计，使之成为支持学习进展的载体与线索。

基于以上思考，自2013年以来，学校大力推行自主学习报告单计划，将传统作业形式的变革与报告单的使用巧妙地结合在一起，以报告单为载体，整合课本、同步检测、配套练习等作业的内容，通过前置性学习、生成性学习、拓展性学习三个阶段的科学搭配，锻造学科自主学习链。语文以每一课为单位，数学以每一个信息窗为单位，英语以每一个模块为单位进行设计，通过三个阶段不同学习任务的布置，为学生的全过程学习提供指导和帮助。三个阶段的学习通过作业来实现，即“用任务来驱动”，通过“任务”来“引起、维持、促进”学生的学习。在“三阶一链，任务导学”教学模式的循环中，学生的自主学习能力得以自然形成与发展。

二、任务为驱动，“三阶”是关键

自主学习报告单从“前置性学习、生成性学习、拓展性学习”三个链接点着手，给学生提出明确的任务和要求，引导学生分别从课前、课上、课后记录个人的学习全过程。

通过报告单,教师能准确、及时地把握每个学生的学习状况,使自己的教学活动更有针对性。

(一)前置性学习,于学生认知起点处"着手",完成预习任务

学生自己学会的"会"与教师教会的"会",是两种不同性质的"会",也是两种不同水平的"会"。所以,在教学活动中,学校注重对学生预习能力的培养。预习任务通常是围绕课前小研究进行的。教师将学习要点拆解成若干个思考的"台阶",设计具有代表性的基础题目,便于学生学习并呈现个人理解的过程。

例如,英语学科三年级下册"It's very long."一课中,讲述了 Lingling 和 Amy 两人在讨论英国伦敦的标志性建筑,用"It's ____."句型进行描述。学生在一年级下册学习中已经初步学习如何简单地描述事物,因此在该课前置性学习中教师设计了四个方面任务让学生充分预习。① 描述物体。教师通过图片引导学生用已经学过的形容词,运用"It's ____."来描述事物,并鼓励学生查找没学过的形容词丰富描述。② 观看短片,了解伦敦。教师向学生推荐伦敦介绍短片,让学生提前浏览伦敦美景,初步感知其标志性建筑 Big Ben(大本钟)和 London Eye(伦敦眼)的特色。③ 写一写。再次用"It's ____."介绍课本以外的标志性建筑,为该课进行视角的拓展。④"问题口袋"。学生预习完该课后,将自己解决不了的问题放入"问题口袋"。教师会在课前收齐学生的问题,并对学生的问题分类整理,以便课上有针对性地解决。

前置性作业的功用在于了解学生的真实认知水平。基于课前对学生的了解,教师把学生的疑惑和认知需求作为教学环节构建的主要依据,在课堂中逐个解决学生的疑难问题。

(二)生成性学习,于学生经验融合处"下手",完成随堂任务

教师在课堂上的最重要的任务不是讲课,而是组织学习。组织学习要通过引导学生当场完成的随堂任务来实现。随堂任务可分为记录型、思考型、训练型、反馈型、展示型等。

例如,在语文学科学习古诗《冬夜读书示子聿》的一课中,在生成性学习环节中教师设计了以小组为单位展示自己对诗意的理解的任务。为兼顾不同能力的学生,教师在报告单上提供了三个难度:"一人读、一人讲"难度系数为 1;"根据古诗情境,发挥合理想象,创编一段陆游和儿子子聿的对话"难度系数为 2;"用意思相近的古诗或古训、警句来解释诗句"难度系数为 3。如此,学生就可以根据自己的实际情况选择相应的难度合作学习。分享交流按难度系数由低到高的顺序进行。学生在层层递进的交流中逐渐探寻到古诗的内涵。教师真诚地与学生交流,抓住每一个生成点,将学生的学习推向深入。"难度 3"令不少学生感到"头疼",教师适时讲了"跟着课本去旅行"的事例,学生恍然大悟,想到了用"读万卷书,行万里路"来理解"纸上得来终觉浅,绝知此事要躬行"这句诗的含义。

此时的合作,由生生间的合作提升到了师生间的合作,教师既是指导者,又是参与者。这样的"下手"恰到好处,将学生原有经验与新的知识产生进行了融合。报告单也成为教师实施教学策略的有效载体,成为学生积累学习方法的有力工具。

(三)拓展性学习,于学生能力提升处"放手",完成课后任务

新课结束后,教师要立足教材基本点、拓展点,寻找课内与课外的生活链接点,精心设计课后任务。在让学生完成适当的重复作业与变式作业的基础上,教师要通过推荐阅读、思维导图训练、错题整理、伙伴日记、互助互学等形式,帮助学生巩固学习要点,丰富学科思维。

例如,数学学科"乘法的初步认识"课后,教师要求学生先从生活中寻找一个乘法算式,用拍一拍或者画一画的形式记录下来,然后查找资料或者咨询家长,写出这个乘法算式的意思。有的学生找到数学书上印有"787 mm × 1092 mm",了解到这表示印刷用正度纸的幅面为 787 毫米 × 1092 毫米;有的学生发现包装盒、包装箱上有乘法算式,表示的是箱子的体积 = 长 × 宽 × 高;有的学生发现某药盒上的乘法算式"12 克 × 6 袋",表示这种药的规格,每袋药有 12 克,一盒里有 6 袋。一次小小的作业设计,一方面引导学生用数学的眼光观察生活,感受到生活中处处有数学;另一方面加深了学生对乘法意义的认识,对生活中面积、体积等知识也有了初步的感知。

拓展性学习中的适当"放手",给予学生自主提升的空间,让学生在与家长一起动手探究的过程中,感受到家长对自己数学学习的重视与帮助,让枯燥的数学学习充满了情感。

自主学习报告单突出了学生的主体地位,把学生学的权利、提问的权利、评议的权利、学习的空间都还给学生,倡导学生主动参与、乐于探索、勤于动手。基于报告单的"三阶一链,任务导学"教学模式的实践,也正是先学后教、以学定教的教学思想的集中体现。将"对话中心课堂"转变为"任务中心课堂"是自主学习报告单研究的努力方向,受理论水平限制,我们的思考与实践还比较片面和零散。在后续的工作中,我们将理性借鉴先行经验,密切关注四个研究维度,即学科维度、过程维度、功能维度、行为维度,规范实践操作,积极培育本校典型,努力形成特色。

案例34

英语阅读　引领学生走进快乐学习的殿堂

青岛北山二路小学

午后,在班级英语角,学生们三五一组,交流、分享着自己喜欢的英语故事的情节,绘声绘色地模仿,生动有趣地表演,笑容挂在每个学生的脸上……由家校携手开展的英语图书漂流活动,营造了浓郁的英语阅读氛围,受到学生的喜爱。英语阅读是提高英语学习兴趣的重要手段,是英语学习的主要途径,在英语学习中有着重要的作用。学校重

视英语阅读教学,将培养学生英语阅读能力作为英语教学的重要内容,从提高全体英语教师对阅读教学重要性的认识入手,注重课程开发,实施激励评价,搭建展示平台,培养学生良好的阅读习惯,形成初步的阅读能力,提高英语阅读教学水平,提高学生素养。

一、生本课堂调动学生积极性,培养英语阅读兴趣

学校将生本教育理念渗透到英语学科教学中。英语教师潜心钻研,将理论与实践结合,感受到生本教育的巨大魅力。他们打造"发出声音、激活思维、打开视野、动手实践"的特色生本课堂,在学生与教材间架起对话的桥梁,找准英语阅读教学与学生已有知识水平的契合点,运用生本教育理念为学生营造和谐、愉快的学习氛围,促进学生的发展。英语教师还在学校"三课"(推门课、青年教师风采课和教学年会精品课)的展示中,将英语阅读课教学推向深入。

第一,课程开发,拓展英语阅读教学资源。

英语教师结合课本上的阅读资源,根据任教学段的特点,利用分级阅读的方式对课本的语篇内容进行深入的再挖掘、再创造。小学低年级学生掌握词汇量很少,语篇阅读对他们而言存在一定的困难,但是阅读能力的培养对于学生的语感以及今后英语学习有着重要的铺垫作用,于是把语篇阅读渗透到绘本故事、儿歌中,以此来激发低年级学生的阅读兴趣,提高其语篇理解力。对于已有一定词汇和语言基础的中、高段学生,则实施渐进成长阅读教学法。首先,让学生夯实基础,读懂教材中的文本,掌握基本的阅读方法,奠定提升拓展的基础;其次,适度拓展,给学生提供与教材文本相关的语篇,指导阅读,并进行"小小英语朗读者"和语篇仿写等练习,提高学生的阅读能力;再次,成长提升,发掘阅读资源,将有趣的绘本、经典故事引入课堂,营造阅读氛围,激发阅读兴趣,在阅读中积累与提升。

英语教师开发利用课外阅读资源,筛选网络平台、公众号等的阅读资源,应用于英语阅读课堂,丰富教学内容。英语教师引导学生利用英语配音软件,通过班级微信群进行配音作品展示。中年级学生的自然拼读、绘本配音,高年级学生的动画配音、歌曲演唱等,都成为丰富的阅读展示内容。英语教师对学生的作品及时点评,对错误之处逐一订正。教师的鼓励与指导、群中家长的支持和赞许,都使学生的兴趣更加高涨,在阅读的同时口语表达、语音语调也同步得到提高。学校图书室在每年图书更新的时候,也会增加一定量的英语读物,为英语阅读课的开展提供基础,为英语阅读教学助力。

第二,课程整合,拓宽英语阅读教学渠道。

新一轮基础教育课程改革对现行课程结构进行了重大调整,课程资源整合就成为摆在我们面前的一个课题。学校以"重点突破、以点带面、均衡发展"为策略,从学科内整合入手,进行了尝试。结合英语学科和学生特点,英语教师将课内学习与课外阅读有机整合,编写了独具特色的《英语阅读手册(上)》《英语阅读手册(下)》。《手册》分为两大板块,即英语阅读和优秀作文展示,旨在通过对学生基本阅读能力的训练,引导学生将阅读的内容走向更为广阔的英语世界,拓展学生的视野。

英语教师在进行阅读教学时，既注重学生的阅读体验，又着力激发学生的阅读兴趣，关注其阅读态度，提升其阅读素养。英语教师利用每个班的晨读和午间读书时间，指导学生进行英语阅读，将语言知识、阅读理解和文化意识等因素渗透在阅读任务中。每项阅读任务都有明确的目标，都是为了提升学生的某项能力。英语教师介绍泛读、精读、跳读等阅读方法和策略，帮助学生理解文本、提取信息，逐步形成了"读前激趣引导—读中分层指导—读后个性化分享"的阅读教学模式。在英语教师的科学指导下，学生更加积极地参与英语阅读，乐在其中，受益匪浅，逐步形成英语阅读新风尚。

第三，草根课题，以点带面提高阅读教学水平。

英语教师勤于钻研，以研促教，积极投身教育科研，开展题为"基于单元整体设计的应用性阅读教学的研究"的草根课题研究，在教学实践中探索英语阅读教学的"窍门"，使学生爱读、能读、会读。他们科学设计作业，压缩机械性重复作业，留出大量的阅读时间，配合阅读反馈作业，督促提高阅读效果。他们根据学生不同的年龄，为学生推荐绘本或语篇故事，分层设计多种形式的读后作业，如查生词、写绘本简介、改编故事，分层次引导学生进行阅读训练，让学生自主选择、主动完成，不断巩固阅读成果。

二、评价激励激发学生内驱力，提高英语阅读能力

学生学习的最高境界，是主动、快乐地学习。评价激励，能更好地激发学生的内驱力，成就学生成长、成才的美丽梦想。教师将学校文化理念与课程紧密结合，形成具有学校特色的课程多元评价体系，设立了"红、蓝、黄、绿、紫"五色章，与课程一一对应。红色对应语文学科，蓝色对应数学学科，黄色对应英语学科，绿色对应音乐、体育、美术学科，紫色对应特色校本学科。英语教研组的教师将英语阅读作为学科评价的重要依据，制定评价细则，根据学生的表现，在"特色成长记录册"上盖上明艳的黄色章，抓实过程性评价，激发学生的学习热情，推进了英语阅读教学。

三、节日活动激活学生的创造力，提高英语阅读素养

英语教师注重营造浓郁的英语学习氛围，每学期以节日为契机举办英语周、英语节活动，搭建展示的舞台，让每个学生发现自己学习英语的潜力，增强自信心。英语教师组织"绘本我爱读"英语节，根据年级特点，开展"绘本我来讲""绘本我介绍""绘本我配音""绘本我创作"等竞赛单元展示活动，提升学生的阅读素养。同时，英语教师注重激励评价，对在英语节活动中表现突出的学生进行表彰，颁发最佳表演奖、最佳表现奖、最佳创意奖、最佳风采奖、最佳合作奖等。英语节激发了学生的阅读兴趣，增进了学生对西方文化的了解，提升了学生英语阅读水平。

英语阅读能力在英语语言的学习过程中有着十分重要的作用。随着新技术、多媒体的发展，我们将不断拓展英语阅读教学的时间和空间，利用"互联网 + 教育"平台，构建课内与课外相融合、学校与家庭相结合的立体化、个性化英语阅读的学习体系，引领学生走进快乐学习的殿堂，在英语阅读中提高素养。

案例 35

新媒体与传统教学模式之间存在鸿沟

青岛汾阳路小学

近年来,在国家、省、市层面,都有针对信息技术与教学融合的培训开展。这些培训在"课程菜单"中确实给出了一些教学应用的解决方案,让人感觉到新媒体一旦进入教学现场,很可能产生"革命式"的变化。但是反观真实的教育现场,大多数一线教师面对少数开展翻转课堂、自带设备学习的学校充满羡慕之后,回到自己的课堂仍旧是"无技术"教学。这一现象的根本原因是什么?这肯定不应简单地归结为硬件不足、思想保守、技术繁杂。许多教师对新技术不是不想用,而是在新技术所带来的教学模式转型中,教师的研究能力不足,因而出现了"穿新鞋走老路"式的教学现象,如"一起看书升级为一起看电子书""互动白板上放的仍旧是 PPT"。当然也存在少数将技术对教育影响的"可能性"误认成"成效性",出现了软件学习的速度比教学理念更新速度还快的情况。这两种情况都扭曲了信息技术的本来面目。

我校梳理了国内数十位研究者提出的"翻转课堂""智慧课堂"等新型的教学模式。这些模式看似对新技术实现了无缝的对接,但是这些模式的建构,对于一线教师吸引力明显不足。不足主要体现在两个方面:一是忽略了教育现场对学业质量、教师负担这两个维度的关注,导致用了新技术学业质量不升反降,或者使用了新技术任课教师累得苦不堪言;二是不少模式仅停留在理论层面的论证,缺少基于实证的研究,更缺少对学校层面如何保障新教学模式落地的系统思考。这就导致一旦使用新的技术,便会对现有的教学样态调整过大,特别是当这些模式从一所学校"复制"到另外一所学校时,效果往往是不显著的,甚至是失败的。因此新技术"永远走在试点的路上"成为许多城市信息化教学改革中的一大怪现象。

如何将应用新技术的理论与实践环节打通,跨越新媒体与经验主导的传统教学模式的鸿沟,如何建构一种新的教学模式,不用"革命"或者对现有教学流程采取温和"改良"便能让新技术发挥出传统教学所不具备的作用?这一建构的过程是一个极具现实意义的研究课题。

案例 36

如何避免将 STEM 课上成"科学"实验课

青岛汾阳路小学

在区教体局的信任与支持下,我校有幸被列入第一批 STEM 课程试点学校。我校通过对 STEM 短课程的回顾与反思,在外聘专家的支持下,梳理出 STEM 短课程流程。

该流程可以避免将 STEM 课上成"科学"实验课。

一、任务导入环节

该环节的目的是引发学生对任务的兴趣,为学生提供更广泛的背景知识,让学生理解与本节课有关的核心知识。

二、任务发布环节

该环节以动手驱动动脑,引导学生深度思考。这一环节要求学生能够明确任务材料,观察材料,并对材料的性能进行预测,在此基础上进行针对性的设计,并预测实验结果。该环节的学习方式以头脑风暴和小组讨论为主。

三、制定评价量规环节

提前发布评价量规,可以让学生在动手实践前就明确自己努力的目标。在教学实践中,我们可以让学生对量规的权重进行表决。宜从五个方面做出评价:制作的有效性、任务完成的效率、对美感的追求、团队合作、任务演示。

四、执行与操作环节

在这个环节中,教师通过巡视达到以下目的:关注并照顾整体梳理较弱的组;发现表现好的组,推荐其他组来观摩;提出引导性问题,使其成为学生内化思考的"垫脚石"。

五、总结演示环节

在教学实践中,该环节的核心任务为支持小组间的"质疑"与"拍砖",最终达到相互借鉴、共同提升的效果。在遇到集体思维瓶颈时,教师切忌给山具体答案,可提出引导性问题,以逐步扩展思维、提高难度、归纳总结。在 STEM 课的收官阶段,应当给予开放的结尾。实验的操作"规范"与实验结果的"成败"已经不重要了。这是 STEM 短课程与科学实验课的本质区别。

六、课程评价

作为观评课的人,我们建议从以下 10 个维度进行观察。

(1)是否以兴趣为先导。

(2)是否动手带动动脑。

(3)是否尽可能联合相关学科。

(4)是否有相对明确的评价量规。

(5)引导、总结、提问是否有深度梯度。

(6)是否与真实世界相关。

(7)是否突出小组合作。

(8)是否突出科学方法。

(9)是否突出元认知作用。

(10)是否尽可能保证了学生的自由度。

案例 37

如医生诊病、律师断案般的精准教学有可能实现吗？
——大数据时代的教育数据从何而来？

青岛汾阳路小学

2012 年教育部发布《教师专业标准》，提出了教师要以学生为本、师德为先、能力为重、终身学习四项基本理念。教育人士将这一文件的发布视为教师的专业性应与医生、律师的专业性比肩的一个重大标志。但是社会上还是有质疑的声音，那就是教学的专业性与诊病、断案的专业性相比，经验性、随意性的因素较多，科学性、严谨性的因素较少。

随着大数据时代的到来，虽然我们的课堂引入了具备"数据属性"的学习工具和形式（如以投票器为代表的学习反馈工具、以学习 APP 为代表的个性化学习服务、以翻转课堂为代表的学习形式），但是质疑的声音不是变小了，而是变大了。这些声音以前是来自教育外部的不确信，现在更多的是来自教育内部的冷思考。

面对质疑，笔者不禁自问：如果医生没有检查、没做化验，直接开药，假设他真的敢开，我们真的敢吃？如果律师不调查、不取证，直接出庭，假设他足够自信，我们真的敢请他？我们当下的"无数据课堂"，很难说不是依赖经验摸索的。笔者不禁问："如医生诊病、律师断案般的精准教学有可能实现吗？"

一、认清大数据时代的学习特征

（1）在大数据时代，我们不再单纯地研究"如何促进学习"，而是同时关注"学生为何学不进去"，并通过技术手段排除后者。

（2）在大数据时代，我们不仅要让学生掌握知识、学会应用知识，还要用数据弄清楚"掌握"与"应用"之间的差距有多大。找不到数据关系，很可能会导致焦虑。

（3）在建构主义的影响下，我们强调认知能力，弱化了环境的地位和作用。在大数据时代，我们必须清晰地量化或说明学习者对特定情境的处理。

（4）在大数据时代，我们不可能通过研究大楼的每一块砖而去了解一座大楼的运行，必须通过数据分析找出砖和砖之间的各种关系。

（5）在大数据时代，我们必须通过数据分析弄清楚学生"为了什么而学"，这一点特别重要。

（6）在大数据时代，我们应找到学生个体所能承受的学习压力阈值，在阈值的临界区内根据情况优化学习体验，将大大减少厌学的发生。

（7）在大数据时代我们要增强学生学习的意愿。具体操作办法为提供与先有知识概念相冲突的刺激、让长期的学业规划可视化、提供选择学习进度和难度的机会、制造紧迫感等。

二、找到有价值的数据

我们必须去伪存真，找到最核心、最有价值的数据。以作业为例，与作业相关的有价值的数据有完成率、学习趋势、知识点正确率（建立个性化的知识地图）、错题本（个性化错因分析）、作业时长（学习习惯和能力追踪）、作业 IP（学习条件与支持）、错题拓展（学习投入状态和巩固）、对照班或对照校对比数据（弄清分布状态而非绝对差距）、学生补充练习的轨迹（知识点支撑）、学习社群活动（情绪状态）等。

我们应收集教育督导机构的阶段性质量监测数据，对接日常学习数据、个性化的学习行为记录，分析数据并改善教学，让自己的教学在大数据时代也能游刃有余。

三、学习成功的商业运作模式，探索"惊人"的教学方式

（1）借鉴抖音模式，包装打造"网红"教师，让一批"show 课"上线。

（2）借鉴公众号的形式，采取碎片化的学习加上系统化的知识提供（零存整取式学习），采取"今日学习头条"推送的方式，让个性的学习动态化。

（3）借鉴滴滴出行模式，在区县层面内出台"滴滴教师"加"淘宝比同款"的辅导方式（政府买单解决地区性家庭学习支持力差异），构建起李沧区时时在线的学习支持系统。

（4）借鉴当当平台，帮助优秀学生出书，分享其学习经验。

（5）借鉴航空里程兑换系统，设计区县层面的数字化评价系统及奖励兑换系统。

综上所述，大数据时代已然到来，无论是教学方式还是学习资源供给方式迟早会面临革新，这一机遇期或许就是李沧区教育质量实现弯道超车的机会。将硬件建设资金投入学习数据分析领域，将是掌握先机的重要举措。

案例38

选准"在线教学"的启动模式
——写给抗疫期间在线授课的教师
青岛汾阳路小学

在 2020 年年初加长版的寒假里，基础教育的教师猝不及防地卷入互联网教学激流中，挑起了"在线教学"的重担。网上不断爆出一些在线教学的笑料，线上翻车、教学低效成了笑点。笔者也是一名亲历者，下面与大家分享一点儿体会。

一、从线下到线上，是什么在变化？

1. 从"有监督学习场景"变为"自学场景"

不妨大胆假设一下，在几乎没有任何监督的工作环境下，当我们想拿起手机，准备读读书、背背单词时，往往会变成追剧、看八卦新闻、打牌。真正用于干正经事的时间通常会被压缩得很少。正经事反而变成被匆忙应付完成的"小事情"。成人尚且如此，更何况身处义务教育阶段的学生？

2. 从"全班实时交互"变成"事后交互或部分交互"

在传统课堂上教师可以通过点名、提问、练习反馈等手段实时与学生进行交互,整节课是在互动中进行的。而进入线上教学后,授课过程被单边预设好,甚至以往留给学生消化、吸收的时间也被压缩、消解掉了。没了师生、生生互动,我们从何处获得学生的动态学情?还有,我们辛苦录好的微课,学生真在听、在看吗?他们又掌握得怎么样呢?

3. 教学管理方式从"教师 + 学生干部"变为"教师 + 家长"

以往家长助学参与方式往往只是检查一下作业完成情况和改错质量。当常规教学转到线上后,家长往往是从网上学习的第一步"选课(找到资源)"便参与其中,部分家长甚至经历了学习全过程。家长的角色从"跑龙套"变成了"男(女)二号"。教师对教学管理不得不从"管理学生、指导学生干部"变成"管理学生、管理家长"。因此,教学管理必然涉及如何获得家长的支持与配合。

二、如何平稳做好转场过渡

1. 无监督或较弱监督下的学习干预

首先,把学习的任务清单做细。教师必须提前把学习任务拆分,避免出现过长的视频,尽可能将在线学习、练习、自学的内容分段呈现,便于学生接收和学习。其次,改变学习形式的比例。线上学习应减少纯讲授式的学习安排比例,适当增加案例学习的比例,让学生在学习中少听多思,避免出现"人在线,心离线"的局面。

2. 弱交互环境下的学习设计

为避免对教师辛苦录制的视频学生边看边玩、思维掉线等情况的发生,教师应尽量选择视频会议平台,确保随时掌控每个学生的学习状态,进行随机检查、督导。在开视频直播时,要减少固定资源的录制,强化线上问答;提倡学生小组间互动,实现同学间的监督与鼓励。

3. 由传统纸笔作业向易于呈现(检查)的反馈形式转型

大量的纸笔作业通过相片回传后,教师的反馈工作量的确是超负荷的。为了避免教师在反馈环节中出现过于疲惫的情况,应选用适合的作业软件,减轻记忆、训练式的作业批改负担;另一方面,我们可以采取更加灵活多样的形式进行反馈。

4. 将有能力、有责任感的家长的辐射作用发挥出来

当下"学霸"的家长往往曾经也是"学霸",他们本身有宝贵的学习经验和较强的助学潜力。教师与这些家长沟通好,委任他们的孩子成为"小老师",让这些"小老师"在家长的帮助下成为分组学习的管理者,让他们成为分层作业的批阅者。

三、转场线上教学,教师要补上哪些课?

1. 信息技术的能力

(1)线上教学的前提是让学生上线,教师应会用简单的语言和方法,帮助学生在家

长外出或者忙工作的时候自己上网。

（2）提高多媒体应用的能力。

2. 在线协作能力

（1）资源开发的协作。课程的分工制作和课程资源在区片内传播,将极大地减轻教师的工作量。

（2）教学的协作。互联网上,我们可以将原本的班级授课彻底分解,让同一年级(甚至是跨年级)学力相近的学生组成学习小队,开展不同进度的学习。直播或者录课,可以让同年级中教学本领大、有魅力的教师完成,其他同科教师则将精力用于分层辅导和答疑。

3. 教师魅力的提升能力

教师除了把课讲好,还要研究如何让学生乐于学习。线上教学中教师教学魅力值成为影响学生的学习效果的重要因素。

4. 开展对学生自制力、自主学习力的训练

在线学习过程中,教师需要帮助学生循序渐进地制订自学计划。教师要表扬坚持完成计划的学生,鼓励他们无论学习条件如何变幻,都克服困难认真学习。另外,线上教学中应引入学习类 APP 的使用,指导学困生完成"学习打卡"和"进步展示"等能够产生自我激励的任务。教师可以有意安排本身不够自律的学生担任线上学习的组长,将自律不足的学生转为管理者,以此激活这些学生自我监督的能力。

5. 指导学生自学的能力

学生能力的差异在线上教学会更加凸显出来,因此,教师必须具备应对不同学习进度的能力。其中,指导学生自学的能力十分重要。

综上所述,生搬硬套地将线下经验往线上转移,必然会出现教师工作量极大但效果极弱的情况。线上学习的关键问题不是录制课程资源,而是通过高关联性的过程检测加课后习题评估,准确地获得学生的学习状态。而自主适应学习平台的选用应当是当下教育管理部门需要思考的问题。

案例39

计算思维真的是信息技术课的专属内容吗?

——用计算思维看学校疫情防控消杀流程

青岛汾阳路小学

面对疫情,各级教育主管部门积极行动,推出了若干版本疫情防控指南(手册)。疫情就是命令,防控就是责任,因此各学校都在反复地认真学习以上防控材料。但留心观察市局推荐的演练视频以及各兄弟学校演练后发布的微信宣传后,我们会发现这样的现

象,大家似乎对各种情景假设、场所设施布置的理解总是存在差异。细细翻看学习资料,我们不难发现问题的根源。大多数学习材料的表述方式为文字说明、图例解释、清单列表外加场景举例。这些表述方式给具体操作的人带来了"解读"的空间和难度,因此操作起来也就难免出现"因校而异"的情况。

其实防控流程和消杀流程,应当是标准的、自动化的处理过程,不应当出现过多的差异和人为判断。换句话说,越是能够按标准化流程办理,越不会出现意外问题。因此对这类事件的处理,最适合采取计算思维的理念进行设计和规划。

一、计算思维的意义

计算思维不仅是计算机学科的一个概念,还是人类的一种重要思维方式,主要表现为对问题求解的思考方式(自动化、智能化)。通俗地讲,计算思维就是满足条件就自动处理,如按下抽水马桶的按钮就可以冲水(不用再次请示),冲水后马桶自动填满水箱(自动判断水箱满没满),全过程不需要人工干预和决策。

二、计算思维如何设计疫情防控和消杀流程

1. 表述问题

第一步要将现实中的具体问题表述和定义成没有歧义的、通用的、可识别的概念(任务)。在计算思维的理念下对概念(任务)的表述和定义必须是唯一和确定的。例如,模拟疫情发生时,隔离场所的名字如"隔离教室""隔离空间""隔离场所""校外隔离区域""校内隔离区域""临时隔离区域"等是不能通用的。这些名词不能根据学校情况自主决定,而是要对区域和场景关联化后,具体定义。

2. 分解问题

第二步是要将大问题(疫情防控)分解成若干个条理清晰的小问题(测温、消毒、上课、活动、就餐等)。要做到逐层分解问题,不出现遗漏或模糊的问题。

3. 问题抽象

第三步是将问题表述中价值量低的无用信息丢弃,聚焦关键信息和步骤,剥离出问题的核心。例如,消毒模块就应当抽象出如下关键信息:消毒地点、消毒物品、消毒者、消毒时间(频率)、消毒合格标准(检验)等。

接着将模块中的各个子模块进行二次抽象,进一步聚焦下位问题。以"消毒者"子问题为例,我们可以聚焦体育老师(体力好)、科学老师(懂专业)、物业人员(熟悉环境)、安保人员(便于组织)等信息。以"用什么药品"子问题为例,我们可以聚焦价格、存储、危害、领用、适用性等信息。最终我们抽象出一个或多个处理框架,并将同类问题进行合并。

4. 算法设计

第四步就是为第三步梳理出的问题设计出切实可行的解决方案,尽可能用流程图的

形式表述,而且要做到工作闭环。在算法设计环节要特别关注自动化处理,将全部的需要人工判断的条件进行系统设计,如"每次通风 20～30 分钟",通风时间少于 20 分钟则会怎么样,超过 30 分钟则会怎么样,应当有明确的处理办法。

综上所述,计算思维的教育不应当仅停留在程序设计课堂中,它适合于更多的基于问题的教学方法(Problem Based Learning, PBL)课例。计算思维的学习过程是一个完整的以解决问题为目标指向的思考过程。这种思考过程对于培养学生的思维能力十分有益。学生在计算思维的学习中,能及时感受到科学的严谨、目标达成的成就感以及掌控学习全过程所带来的特殊趣味,最终获得理解和改变世界的思维力和创造力。

案例40

线上教学进入"疲沓期"的应对方案
——教育技术视角下的线上教学攻略

青岛汾阳路小学

2020 年,新冠肺炎疫情期间,各学校开展了线上教学。线上教学进入"疲沓期"后,能否做好这一阶段教学实施者的思维模式和教学模式的切换将决定线上教学的成败。笔者将对此问题的思考总结如下。

一、线上教学进入"疲沓期"的具体表现

在线上教学开展接近 3 个月时,伴随着线上教学新鲜感的消退,在家中学习的学生基本被"打回原形",持续保有较好学习状态的学生比例逐渐变少,多数学生基本进入失联或半失联(人在线但心离线)的状态。特别是当家长复工复产后,独自在家学习的学生彻底进入"弱监管"或"无监管"状态,其家庭作业完成质量和在线学习质量直接打了折扣。具体表现:作业完成率降低,且催缴困难;直播课堂中,老师连麦、连视频,但有的学生不接;线上监测中,有的学生成绩退步。

二、线上教学进入"疲沓期"的原因分析

1. 传统的时间管理彻底失效

传统课堂上一打铃,学生都要回到教室开始上课。但是转战线上后,老师无论是用电子铃声召唤也好、人工叫醒也罢,总是有学生不在线,因此经常出现老师打电话找学生上线学习的局面。

2. 传统的状态管理大多失效

传统课堂上一旦学生走神,老师可以立马发现,并通过点名或旁敲侧击纠正其行为。可在线上教学中,老师可能因为像素不足看不清楚学生的学习状态,或者学生不接受老师的连麦和连视频要求,老师确实"管理乏术"。

3. 传统的作业管理部分失效

传统教学中遇到不完成作业的学生,老师有各种办法管理。但是线上教学后,对不完成作业的学生,老师传统的惩戒方式没法执行到位。

4. 传统的评价方式作用减弱

传统教学的精神奖励、物质奖励等手段,在线上教学中变成了"空中楼阁"或延迟兑现,其作用大大降低。

三、教师"决战"线上教学"疲沓期"的"秘密武器"

1. 改变线上思维方式

线上教学的前期,我们重点研究基于互联网的教学工具和学习资源的使用。老师各显"神通",相互学习之后,掌握了教学工具、交互工具、环境资源、评价工具。但是随着时间的推移,我们清楚地看到,真正困扰线上教学的并不是技术和资源的问题。换句话说,技术问题和资源问题都是可以被解决的。中小学老师开展线上教学最大的障碍在于思维方式升级的问题。

一旦进入网络空间,"我让你学,你不得不学"的思维方式已经不再适用。不管我们是否愿意,网络已经让师生在链接层面实现了平等,因为对于"是否和你连线"这个问题,学生有了选择权。老师要想把课上下去,必须考虑如何吸引学生的注意力、请家长参与等问题。

2. 改变线上教学形式

(1) 在学生眼里,老师不再是居高临下"王者",变成了和学生平等的一个网络节点。无论老师如何喊麦,学生那边可以选择静音处理。所以,严格按课表上课的想法最好放弃,每个家庭状态都不同,严格按课表上课其实就是在培养"假学"。我们要冷静地接纳线上学习的"松散"和"断续"状态。我们的精力不要过多地投放在学生是否按时、按量学习,而是要重点关注那些"离线"的学生,能够召回一分钟就召回一分钟。我们必须"火线提拔"尽可能多的小组长(本身就是被督促的对象)和骨干家长,形成全天候的持续"骚扰",只要不学的学生还上网,就逃不了各种网上提醒。

对于行政班的管理方式也可以弱化。同级部任课老师分角色扮演不同的教学者(主教或助教),这样可以很好地发挥老师的长处。我们要明白:线上教学拼的不是老师个体的力量,而是学科团队老师的综合实力。

(2) 线上教学的后期,"齐步走"的教学已然不可能实现。如何引导不同学习能力的学生开展异步的自觉学习,是我们必须攻克的问题。

老师可以设计一些能够引发学习的活动,多提开放问题,组织项目学习,采取任务驱动,甚至在线上直播间和微信群的互动中生成学习内容。老师也可以把展示、讨论、进度和难度的选择都"外包"给小组长,老师尽可能少讲话(少发微视频),仅作为引发话题或者"难题"的组织者。其实当学生讨论起来、思考起来的时候,学习已经发生了。

老师也要改革传统的评价手段。与传统评价不同的是,线上评价的标准必须更加清晰,同时可以适当夸大分值,辅以同学间的互评。在评价落后的学生时,老师最好能够用数据"直戳"他们装学的行为,同时把家长拉到共同管理的阵营中来。

综上所述,要想在线上教学中取得实效,我们必须弱化自己对线下教学各种经验的依赖,处理好经验思维与互联网思维的关系;对学生的数字化学习行为进行数据分析,将数据背后的问题搞清楚,做好对症处理;将学情切分到知识点,并追踪知识点的达成度;做好个体化的描述和评价;采取"一生一策",不求齐步走,但求不放弃。

案例41

如何提升居家学习的信息素养

青岛汾阳路小学

2020年新冠肺炎疫情发生以来,来自网络的各种信息成为我们了解疫情动态、掌握社会状况的重要来源。在学习、工作、生活中,如何掌握信息变得格外重要。笔者将对如何提升个人信息素养的学习和思考总结如下。

一、信息素养教育的价值

有学者将信息素养定义为个体能认识到何时需要信息,并能够检索、评估和有效地利用新的信息的综合能力。其核心内容包括确定需要的信息、获取信息、评价信息、使用信息。而上述能力是学生必须具备的素养。在线上教学的过程中,学生的信息素养基础的高低影响空中课堂的实施质量。

我们在开展中小学生信息素养教育时,要把握信息素养概念的内涵,了解信息素养的标准,熟悉信息素养教育的基本模式,尤其要重视学生对信息的"检索"和"运用"这两个环节。同时,我们还需要提升自己的"数据"意识,掌握学生在信息素养提升过程中隐藏的"价值"和"问题"。

二、如何指导学生获取信息

在疫情期间各种网络信息混杂传播,对于信息素养教育是一种严峻的考验。获取信息主要有三个关键方法。

1. 关注专业网站

学生和教师要对学术类、资源类、平台类网站有所了解。教师必须把知网、教育主管部门网站、教学资源网站的网址收藏起来,在需要的时候直接将正确的网址推荐给同事或者学生。

2. 借助搜索引擎

我们可以借助搜索引擎去查找信息。但是搜索后的信息往往是海量的,这就需要在搜索时判断搜索的主题是什么,提炼出与主题高度关联的关键词,同时对点击率高的信息格外关注。

3. 加强交流与合作

我们获取到有价值的信息后,一定要分享。学校教学管理者可以形成学科资源的共建共享机制,对于贡献有价值资源的教师、学生、家长进行一定的激励。

三、如何辨别信息真伪

在网络学习过程中,教师和学生收到的信息可能是海量的。如何辨别信息,主要有三个要点。

1. 考察信息来源

我们对信息的渠道要进行反复核对。一些搜索引擎根据广告收费来排序,不一定把有价值的资源排在前面,因此我们在搜索中要格外留意。有的假冒网址与真实网址高度相似,这就需要我们擦亮眼睛。

2. 注意作者的情况

在获取和使用资源时,我们对于资源的作者需要进一步考量,看看作者是否权威、是否真实存在,避免听信、下载不实信息造成时间和金钱的损失。

3. 核对日期和年代

网上有过一个笑话,说是有人买到一个古董瓷器,底部印着一段英文"made in tangchao"。其实这正是对于信息来源的一个考量维度。如果我们得到的信息明显与时代、日期不符合,如早产的信息、错位的信息,就应当果断地剔除。

四、如何整合手中的信息

当我们建立起各种渠道,掌握了搜索信息的技能和鉴别信息的能力后,还需要整合信息,主要有两种技术。

1. 思维导图法

我们可以把手中的各种资源采取思维导图的方法组合起来,这样可以有效地避免遗漏和重复,同时可以清晰地呈现和分享。

2. 重现森林法

我们对手头的资源经过基本的筛选、分类和思维导图组合后,基本完成了信息的初步处理。随后我们应当进一步将这些信息与自己原有的知识架构进行整合。将信息搭建入自己的认知框架后,才算是完成了信息的消化与吸收。

综上所述,在疫情之下,对于信息素养教育问题,我们不能简单地将其理解为信息技术学科的事情,它其实是教师群体需要共同面对的问题。信息素养教育也不仅存在于线上教学中,而将伴随学生的整个学业生涯。

案例42

以信息技术学科为例的大概念教学探讨
——对接学科核心素养的一种教学思路

青岛汾阳路小学

为了落实核心素养的培养，众多中小学教师在一线课堂中教学方式的创新可谓层出不穷。其中大概念教学作为一种兼顾教与学两方面的教学创新方式越来越受到教师的关注。

一、何谓大概念

大概念是指在一个学科领域中最有价值的学科内容。大概念通常用陈述式来表达经过学科专家实证的学科内容、学科原理、研究主题、观点等。所谓"大"，一是相关概念在学科中的地位重大，二是相关概念在生活中的应用价值大。大概念融合了专家思维框架下的抽象性与现实问题解决的具体性。

二、大概念教学的特点

1. 涵盖面大

与知识点教学不同，大概念教学应该包容更多的知识点，并能够把诸多知识点联系并组织到一起。学生在学习时能够感受到"点与点"之间的关系。

2. 层次深

大概念教学要透过基本的性质和表象，探究其背后的原理和逻辑关系。这特别需要让学生"重温"学科专家在知识发现时的重要思维节点，建立起与专家同构的对知识的认知框架。

3. 环境友好

在大概念教学中教师要提供讨论的环境，要容忍必要的课堂混乱局面，同时对局面进行把控。教师还应当结合学习主题，提供基本的学习评估工具，以便让学生在大跨度学习中了解自己的学习状态。

三、大概念教学的流程

1. 重现专家思维

教师结合学生的基础状态，通过问题任务，带领学生一起重温和体悟相关大概念的产生过程，认识其重要的作用。

2. 关联概念与思维

教师组织学生用关系图探索与大概念相关的周边概念，引导学生区分关系图的各部分，并对同类内容进行归类。

3. 打通概念间的联系

教师组织学生重点探讨相关概念的联系,并结合具体案例针对联系点开展讨论。

4. 尝试对概念进行迁移

本环节主要有三种方式:一是教师指导学生利用掌握的大概念尝试解决问题;二是提供大概念适应的场景,让学生体验和感知;三是提供部分筛选过的文献,让学生自己进行相关的研究以探究大概念的作用。

5. 对概念迁移的适应性进行反思

教师可以为学生提供反思记录单,让学生记录下学习到了什么、存在的疑惑、感受到的影响,让学生尝试画出周边概念的关系图。

四、信息技术学科的大概念梳理

我们结合青岛版教材,对学科主要大概念进行梳理后,将其分为两大类。一是思维类:计算思维、结构化思维、设计思维、管理思维、创新思维、媒体思维、信息意识;二是概念类:计算机系统(硬件、软件)、网络(通讯、安全、搜索)、程序设计(抽象、算法)、数据(隐私、共享、信息素养)、信息系统(文化)、人工智能(交互)、媒体处理(创意、表达、设计、解决)、学科文化(关键人物、关键事件)、数字化学习与创新。

综上所述,大概念教学路径必须与单元教学和主题教学结合起来,规划合理的探究活动,让学生的思维广度尽量展开,通过思维的碰撞和交流,将真实的世界与知识学习连通,实现真正的深度学习。

案例 43

"互联网 +"背景下,智慧课堂
在中学英语教学中的应用

青岛为明学校

一、课前发布微课资源,供不同层次学生自学预习

教师可以将在课前录制的或者从网上搜索的相应的微课视频保存在云端,在上课时投屏使用。课前,教师可以将预习微课布置给学生。学生会反馈给教师看懂或者看不懂的部分,与教师在线上和线下进行交流。教师也可以通过软件的教师客户端看到没有预习微课的学生名单,对学生进行"一键催看"。教师根据学生反馈的情况做教学计划,分层次地设计教学目标。

二、课中高效互动,分层问题,对比讲解,可视化反馈

课堂上教师可分层发布习题,等学生都提交完毕,教师可以点击下面的"公布答案",让学生看到答案。教师点击"打开报告"就可以看到学生的提问情况、学生做题的

正确率、做对或做错题的学生名字,可根据反馈进行有侧重的讲解或让回答正确的学生来讲解;教师也可以划分小组来作答,统计结果会直观显示每个题目的作答情况和每个组的作答情况。

智慧课堂的拍照功能在课中被应用得多。拍照可以代替投影,教师可以拍照展示学生的一些学案、作业情况。比投影更好的是,拍照可以同时拍多张展示在大屏幕上,形成对比,也可以对照片进行放大、缩小、书写等操作,非常方便;尤其适合用在写作课中,可使学生互评作文。

三、课后分享资源,分层发布个性作业,实现个性评价反馈

基于"互联网+"英语教育的智慧课堂,能使英语教师在课前实时推送有关通知,课后发布作业。英语教师可以查看学生的动态,通过数据统计、分析和教学效果的反馈实现分层教学、因材施教,并以自动化管理减轻教学管理的负担。英语智慧课堂将一对一、一对多和多对多的交际化互动等新方法与传统教学方法相结合,通过线上实时互动与学生反馈满足学生的多样化学习需求;借助经典课程资源的长久保存不断充实英语教育资源库,体现教学内容与形式的与时俱进,同时实现课堂内外、学校内外的海量教学资源分享。课后作业可在线上批改、用手机批改,可以实时线上讨论答疑。考勤、作业、随堂测验和学习表现等多样化成绩指标,由电脑自动完成统计和管理,及时应对学习预警。

英语智慧课堂让学生随时随地访问英语学习资源,如微课、课外英文阅读,激发学生的内驱力和积极性;以方便、灵活的多元化学习方式提高英语教育质量和教学效率。学生可在规定时间内多次提交作业和试题,并通过反复修正与总结,获得相应的分数和较牢固的知识。学习共同体的所有成员都可查漏补缺、互助解疑、取长补短,及时分享学研成果。

案例44

翰墨飘香润童年,一笔一画写好字

青岛为明学校

《语文课程标准》在"总体目标"中指出小学生应"能正确工整地书写汉字,并有一定的速度"。在"实施建议"中指出按照规范要求认真写好汉字是教学的基本要求,练字的过程也是学生养成审美趣味的过程。每个学段的老师都要指导学生写好汉字。学生写一手漂亮的汉字,既落实了《语文课程标准》的要求,又为学生的终生发展奠定坚实的基础。

一、以身示范,提升自我

俗话说:打铁还需自身硬。老师的示范就是最好的榜样。为了更好地指导学生写字,满足写字教学的要求,给学生以示范,我校老师注重个人书写基本功的练习。

1. 坚持不懈,每周一练

我校规定每周每位老师练写一小黑板粉笔字。练写的内容以一、二年级语文教材中的生字和古诗为主。具体的方法:老师成立专门的粉笔练写群,用于书写练字的交流。群主每周一在练字群中公布本周练写内容。每个字都是写字指导老师在田字格中亲自规范书写的,既是练字内容,又是示范与引领。周一至周三老师自主练写,周五下班前每位老师将练写最满意的作业拍照片发至练写群。写字指导老师进行点评指导,老师间相互学习、交流。

2. 定期指导,掌握方法

练字需要指导。写字指导老师在每周教研时间对老师们进行专门的书写指导,从如何拿粉笔、用粉笔,到如何观察每个字的占格,再到如何写好独体字的主笔、如何写好合体字的结构。这样有的放矢的指导,让老师们的书写水平提升得很快。

3. 活动促进,激发兴趣

兴趣是最好的老师,认可是最大的动力。为调动老师练字的积极性,我校采取每周一练写、每月一评比、每学期一总评的评价方法,注重对过程的管理与指导。每个月,每位老师把自己所写的最好的粉笔字亮出来,由教学处组织评委评分。学期末,我校举行现场限时书写展示评比,现场写,现场评;对练写得好的老师,给予表扬奖励。这样的评价极大地调动了老师练字的积极性。我校掀起人人"比着练、赛着练、有空就练"的练字热潮。

二、注重指导,培养习惯

人们常说:练字先练姿。正确的写字、执笔姿势,对学生的书写质量影响很大。《语文课程标准》在"评价建议"中指出义务教育的各个学段的写字评价都要关注学生写字姿势与习惯,引导学生提高书写质量。而现实是学生从幼儿园升入小学,写字姿势、执笔姿势正确的没有几个。正确的写字姿势、执笔姿势成为长久以来写字教学中的难题,我校从学生一入校起,就特别注重加强这两方面的训练与指导,培养学生的良好写字习惯。

1. 儿歌辅助,训练姿势

为便于学生尽快掌握正确的执笔姿势和写字姿势,教学时,老师把正确姿势的要求编成儿歌,让学生边说儿歌边做动作。例如,《写字姿势歌》内容是"头正、身直、臂开、足安"。《执笔姿势歌》内容是"老大老二弯成圆,指尖相对不相连,中指抵在笔杆后,四指五指抱成团"。每次写字前,老师会让学生先复习儿歌,再用儿歌的要求对照自己的姿势。以儿歌辅助写字教学,既帮助学生记住规范的要求,又降低了教学的难度,增加了学习的趣味性。

2. 加强评价,以评促改

为了帮学生形成正确的写字姿势,在教学中,老师把姿势正确作为写字评价的一项内容。写字评价内容包括姿势正确、书写正确、卷面整洁、书写美观。把正确的写字姿势列入评价内容落实了课程标准的要求。作业评价采取多层面、多角度评价的方式，有学生的自评，有家长的评价，有老师的评价，还有同学的评价。这样的评价有利于同学间相互学习，也有利于督促学生养成良好的书写习惯。

3. 家校携手，无缝对接

错误的写字姿势一旦养成，纠正起来很难，但是再难也要改。为了帮助学生养成正确的姿势，老师与家长沟通，做到对学生的表现及时相互反馈，以表扬和鼓励为主，实现无缝对接。这样，好的习惯也就慢慢养成了。

三、加强指导，习得方法

统编版教材在识字、写字的编排上遵循"多认少写，识写分开"的原则，写字按书写的规律单独成体系。因此，在教学时，要加强对教材的研究，遵循汉字的书写规律，加强指导，引导学生在练写的过程中发现规律、掌握方法，最终达到自己能写好的目的。

1. 上好指导课，激发兴趣

我校加强对写字指导课的研究，对不同年级突出教学的重点。第一学段重点指导学生能按笔顺规则用硬笔写字，注意间架结构。第二学段重点指导学生使用硬笔熟练地书写正楷字，做到规范、端正、整洁。第三学段指导学生用硬笔书写楷书，行款整齐，力求美观，有一定速度。从第二学段开始，教学生用毛笔书写。

写字课上，老师从字源、字理到字形结构，从笔画穿插避让到占格，从关键笔画到汉字重心，从独体字到合体字，引导学生仔细发现写好字的注意事项，总结方法。

书法课上，老师指导学生用毛笔练写，欣赏历代名家碑帖，发现汉字之美，感受中国传统文化的魅力；以名家为榜样，激发学生练字的兴趣。

2. 发现规律，掌握方法

汉字的书写有一定的规律可循。教学时，要引导学生发现汉字的书写规律，运用规律。例如，写木字旁时要注意：横变短，捺变点，字形长，靠左边。再如，写独体字时，要找出主笔，看好每个笔画的占格。写合体字时，注意合体字的结构特点、组成合体字的各个部分的关系。经过这样的指导，学生就能发现书写的规律。

3. 持之以恒，每日一练

每日一练是我校学生每天的必修课。全校学生每天有 15 分钟的午写时间。伴随着优美的音乐，学生安静地坐在教室里，用心地进行练写；老师随时指导、点评、鼓励。这样的练写积少成多，重质量，重习惯，重兴趣，慢慢地学生就养成了良好的书写习惯。

四、活动促进，激发兴趣

1. 活动常态，抓实过程

为提升学生的整体书写素养，我校规定：每个月月末，举行学生现场书写展示活动，让展示活动变成常态。每次展示做到"四统一"，即统一内容、统一组织、统一要求、统一评价。我校以年级为单位对学生现场书写情况分 A、B、C 三个档次进行评价,既对学生个人评价,又对班级进行评价。每次展示对 A 等学生和优胜班级颁发奖状,并记入班级考核。学生的优秀作品展示在走廊班级公示栏内。

2. 表彰奖励,激发兴趣

(1)我校每个学期末举行"书写素养大赛",对一学期的书写成果进行展示、评价,对获奖师生大张旗鼓地表彰,让师生体验到努力后收获的快乐。

(2)我校鼓励学生参加书写考级,推荐优秀的作品参加更高级别的比赛,进一步提升学生的书写水平。每一次评比,都是对老师和学生练习过程的检验。每一次获奖,都是激励和赞美。

横平竖直,写好中国字;堂堂正正,做好中国人!小小汉字学问大,培养学生从小学写一手漂亮的汉字,既是对中国人应该具备的素养的培养,又是对中国文化的传承与发扬。

案例 45

语文核心素养视域下中小学古诗文教学模式的实践研究

青岛为明学校

近几年,从中央到地方各级电视台纷纷举行各种经典诵读活动,如中央电视台的《诗词大会》《经典咏流传》、各地方电视台的诗词比赛。在这些收视率高的节目的引领下,社会上出现了诗词热,各行各业的人加入诵读古诗文的大军。这一切都说明了社会对古诗文的传承、国家对古诗文学习的重视。这些形式,为学校开展古诗文的教学提供了很好的借鉴经验。

《语文课程标准》在"总目标"中指出"认识中华文化的丰厚博大,吸收民族文化智慧";并且在分段要求里,强调了各个学段的目标,规定了基本的诵读儿歌、童谣和古诗的量。这充分体现了国家对古诗文教学的重视。

统编语文教材适度增加了古诗文比例,其中小学统编语文教材增加得多一些,从一年级就选编了通俗易懂的古诗,小学 6 个年级共有古诗文 129 篇;初中古诗文 132 篇,也比以前略有增加。古诗文的选用范围也比原来教材大了很多。由此可以看出古诗文教学在中小学语文教学中的重要性。

为落实《语文课程标准》的要求,激发学生从小诵读古诗文的兴趣,培养学生热爱古诗文,弘扬祖国的传统文化,在古诗文的课堂教学中我们做了如下探索。

一、采取恰当的方式诵读,激发诵读的兴趣

小学阶段有 6 个年级,学生在年龄、知识基础、学习能力、学习习惯等方面有着很大的差距。在古诗文的教学中,老师一定要结合学生的实际情况,采取恰当的教学方式,激发学生学习古诗文的兴趣。《语文课程标准》把小学分成了三个学段,每个学段对古诗文的要求各不相同。第一学段(一、二年级)的要求是诵读儿歌、儿童诗和浅近的古诗,展开想象,获得初步的情感体验,感受语言的优美。第二学段(三、四年级)的要求是诵读优秀诗文,注意在诵读的过程中体验情感,展开想象,领悟诗文大意。第三学段(五、六年级)的要求是诵读优秀诗文,注意通过语调、韵律、节奏等体味作品的内容和情感。对不同学段的学生,老师在教学时要采取不同的教学方式,落实课标的要求。例如,一年级老师在教《春晓》一诗时,通过看画面,引导学生展开想象:春天雨后的早晨,诗人醒来,推开窗子,一缕阳光照进了房间。诗人听见小鸟欢快地歌唱,看见花瓣落了一地,想到原来昨天晚上下雨了。在学生借助想象,初步了解了诗的意思后,老师配上音乐,让学生唱一唱,演一演,轻松地背一背,这样的教学让学生感到古诗真好玩,从而乐学、爱学。再如,二年级老师在教《池上》时,引导学生把诗句所写的内容"小娃、小艇、白莲、浮萍"用画画的形式呈现出来,把古诗画一画,体会到诗中有画、画中有诗。再如,五年级老师在教《题临安邸》时,通过补充作者写作的背景,让学生了解当时的社会现实,指导学生读好"西湖歌舞几时休"这个问句,通过朗读体会作者对当权者的不满,从而领悟作者对国家的担忧之情。在不同年级采取恰当的方式,如读一读、画一画、演一演、唱一唱,在激发学生诵读兴趣的同时,培养学生对古诗文的语感。

二、归类诵读,发现规律,学习诵读的方法

如何引导学生诵读,并掌握诵读的方法?在教学时,老师可以采取归类诵读的方法,引导学生发现古诗文的规律,运用规律帮助诵读。

(1)按内容归类诵读。小学学的古诗根据内容可以分为田园诗、送别诗、边塞诗、励志诗等。老师可以让学生把送别诗归类诵读,引导学生思考,同是送别诗,作者表达的情感有什么不同,所用的意象有什么不同。对《送元二使安西》《黄鹤楼送孟浩然之广陵》《别董大》《送杜少府之任蜀州》《赠汪伦》《晓出净慈寺送林子芳》《芙蓉楼送辛渐》等送别诗,学生通过诵读,感受作者所要表达的情感,分析作者表达的感情为什么不一样。老师可以让学生把写儿童的诗进行归类诵读,引导学生发现作者笔下儿童的不同特点,分析《池上》《小儿垂钓》《所见》《村居》等古诗中的儿童的共性与差异。

学生通过归类,会发现不同作者笔下同一事物的不同以及作者借助相同的事情表达的不同情感。

(2)按作者归类诵读。老师在教学时,可以把同一作者的几首诗放在一起指导学生进行诵读,如李白的诗《静夜思》《古朗月行》《赠汪伦》《望天门山》《早发白帝城》。老师可以根据作者所写诗的时间先后,用事件把不同的诗串起来,让学生对同一个作者在不同时期所写的诗有比较全面的了解,形成一条知识链。

对古诗文的归类方法还有很多,如按时代归类、按季节归类、按文本特点归类……归类可以帮助学生进行梳理,让他们发现一类古诗文的特点,从而掌握诵读的方法。

三、在朗读中深化阅读,培养感悟能力

古诗词多数是押韵的,有自身的停顿规律,极具音韵美。在教学时,老师要充分发挥古诗词的这一特点,指导学生反复诵读,读出节奏感,读出韵律美,读出作者表达的情感。古诗词的朗读指导一般分为以下几个层次:初读,读准字音,读通诗句,读得字正腔圆。不同年段采取不同的朗读方式。在低年级先由老师范读,中、高年级由学生在小组内自学,读准字音。再读,读好停顿,即读好节奏。通过朗读,学生体会、感受、发现五言诗和七言诗的停顿规律,从而掌握方法。例如,五言诗的停顿规律是 2-2-1,七言诗的停顿规律是 2-2-3。三读,读出情感,读出诗意。这里的"读",是学生了解了诗的大体意思、作者写作的背景以及表达的情感以后的朗读,不仅读得字正腔圆,读好停顿,还要通过朗读表达出作者抒发的情感。例如,对王维的《山居秋暝》,学生要边读边想象画面,读出环境的清幽与作者的悠闲。朗读时学生通过语调的高低、语速的快慢来体现不同的意境与情感。学生在朗读中,感悟到作者表达的情感,培养了感悟能力。

四、创设情境,感悟古诗词意境,提升鉴赏能力

体会古诗词的意境对小学生来说有一定难度,如何引导高年级的学生在学习古诗词时,通过感悟古诗词表达的意境,提升鉴赏古诗词的能力呢?在教学时,老师可以通过语言渲染或创设情境,使学生如临其境,如见其人,激发学生的想象。如教《枫桥夜泊》时,老师引导学生想象在这样的夜晚,作者泊船在枫桥边上,听到了什么?看到了什么呢?用问题激起学生阅读的兴趣。还可以通过音乐、图片、视频等在课堂上给学生以直观感受,帮助学生理解诗文的意境。老师在教纳兰性德的《长相思》一词时,组织学生观看视频:风雪交加的夜晚,闪闪烁烁的灯光在帐篷里飘摇不定,耳边响起呼呼的风声。这样的场景给学生营造一种身临其境的感受,让学生进一步感受作者思乡的情感,从而提升学生感悟、鉴赏古诗词的能力。

案例46

"课堂五问"与目标导向式学生自主学习课堂教学设计

青岛为明学校

2017 版高中课标对高中教学提出了以落实立德树人根本任务、培育科学精神和创新意识、提升学科核心素养的基本理念。如何顺应课标的提升与变化?青岛为明学校提炼出了"为明新课堂"教改样态,并辅以"课堂五问"的研备方法,以提升课堂效果。

"为明新课堂",即基于目标导向式学生自主学习的课堂。

学生是一切教育教学工作的中心,是学习的主人翁,而教师是帮助学生获取适应终身发展的关键能力的向导和引领者。

教学目标,既是教学的出发点,又是教学的终点,也是教学评价的依据。教学目标不

仅具有教学定向功能,为教学活动的设计提供依据,也为教学评价提供标准,还能够对整个教学过程进行调控。因此,目标导向式学生自主学习课堂主张以教学目标为所有教与学行为的导向。教师的教、学生的学、教与学的评价都是围绕着教学目标来展开的。

"自主学习"作为教师选择教学策略和设计教学活动的标尺,要求课堂教学必须以学生为中心,充分发挥学生的自主性。教师的主要任务不是向学生传授现成的知识,而是为学生获取知识、发展能力创造条件、提供支持。

目标导向式学生自主学习课堂教学方式的成功实施涉及三个方面——一是充分体现学生在学习过程中的主体地位,二是重视发挥教师在教学过程中的主导作用,三是强调以目标为主线的教学过程。离开其中的任何一方面,"基于目标导向式学生自主学习课堂"都是一句空话。可见,"主导—主体—主线相结合"是这种教学方式的基本特征。

为帮助教师在课堂上真正实现"目标导向"和"自主学习",学校提供了"课堂五问"的研备工具。

"课堂五问"包括以下几方面。

(1)为什么教?体现"立德树人"的要求,体现学科的核心价值——"学生的终身发展"的需要。

(2)教什么?本学科最能承载核心价值的知识、方法、技能、思想情感,包括显性(知识、技能、方法)和隐性(素养、能力、思想)两个方面。

(3)怎么教?教学策略的选择,激发学生对学科的学习兴趣,利于学生的独立、自主、深度学习。

(4)教到什么程度?根据学业要求和学情的基础,用可检测的定量指标来判断。

(5)如何评价?考查学生学习的成效,也考查教师教学的成效,体现为评价任务的设计。

综上所述,"课堂五问"与"目标导向式学生自主学习"的理念完全契合,相辅相成,顺应了新课标与新版教材使用的要求。青岛为明学校抓住教改契机,开发出符合学生认知规律、有助于提升学生学科核心素养的教学方案,提升了课堂教学的质量。

案例47

"三备两研"与"一课两上"

青岛为明学校

青岛为明学校着力打造"三备两研"和"一课两上",使之成为提升课堂效率的抓手。

精细化管理是学校业务工作的特征之一,既是细节管理,又是人文管理。其中,最典型的体现就是"三备两研"备课制度,"三备"即独立初备、集体研备、个人复备,"两研"

即集体初研、二研。独立初备必须提前若干天,并撰写初备稿。对个人复备,每位教师有自己的优势,教师用红笔在初备手稿上进行大修改,形成复备手稿,个性化完善教学设计。初研要提前一周。二研主要是研究展、评、检如何操作。

要保证集体备课的有效落实,还要加强集体备课的管理,做到"四定"。

"四定":一是定时间,确定集体备课的周期(为提前一周),按照实际有效的学科组,确定每周具体集体备课时间、地点、人员;二是定内容,确定集体备课的具体内容,集体备课要在教师充分"自备"的基础上进行,要教师"带着问题来研讨、带着收获去上课";三是定程序,确定小组长制度,小组长有效地引导教师将讨论交流深入化,保证讨论交流的质量;四是定考核,确定集体备课的考核评价制度。

教师专业生长的中心在课堂。"三备两研"完成了精准研备,而教师上课和评课的水平就要通过"一课两上"体现出来。

"一课两上",是指同一位教师将同一节课教授两次,其本质就是立足课堂的磨课。通过不同教师、不同课型的重复研磨,教师的课堂教学技术提高了,课堂教学的水平提升了。

课例研讨的实质就是评课。课例研讨为上课教师提出建设性的意见和主张,协助上课教师发现问题、不断改善,它对评课教师自身也是一种促进和提升。通过团体评课、个人反思,教师能很好地改进教研水平,实现专业成长。

近年来,我校中小学部积极推动"三备两研"备课制度,广泛开展"一课两上"课例展评活动,极大地提升了教师的综合素质,在课堂上落实了学科核心素养,收到了良好效果。

案例48

提升教师教学技能,共促现代化课堂常态化

莱西市院上镇武备中学

身处信息化时代的每一位教师,都应当带着探索和终身学习的精神,学习新的技能,获取新的认识,树立新的信念,迅速调整甚至改变自身的教学行为,积极投身到信息化教学改革的浪潮中去。

首先,教师必须增强自身发展的意识。爱瑟·戴森说得好,互联网是为了那些有准备的人而准备的。接触网络是为了解决没有网络无法开展的活动。教师应该为了学习、教学和科研而去应用网络技术。换句话说,只有当你愿意发展自己的时候技术手段才是有价值的,否则它就有可能成为一个负担。今天,信息技术能够带给我们最佳实践的范例,提供教学风格和教学方法的研习,能够在教师共同体之间建立起稳定的联系。但是,只有教师自己才能改变自己,只有教师意识到自己的局限性和不足时,才能形成符合教

育信息化发展要求的先进教学观念和个人发展的动力。

其次,教师要加强信息技术应用,在整合实践中积累经验、增长才干。对于"面向信息化的知识和技能结构"来说,教师的专业知识和技能基础应该是"实践性知识"。"实践性知识"是一种隐性的经验知识,是作为一种"案例知识"积累并传承的,而且是一种"个体性知识"。因此,信息化时代的教师,应当在实际的教学情境中通过信息化教学实践,掌握信息技术,提高信息素养和教学能力,促进个人发展;同时,积累信息技术与学科课程整合的经验,形成具有个性化特点的案例知识,并通过教师学习共同体的相互影响,将个性化的隐性实践知识转化为社会化的教师专业知识,促进自己的专业发展。

再次,为了使整合更有效,教师还必须以研究者的姿态反思自己的整合实践,努力改善教学行为,提升教学水平。"反思的本质是一种理解与实践之间的对话,是这两者之间的相互沟通的桥梁,又是理想自我与现实自我的心灵上的沟通。"教师只有通过建立在行动经验基础上的反思,才能将"学会教学"与"学会学习"统一起来,从而达到在行动中不断对个体的教学进行改进。这样,上课才不是执行教案或演示课件,而是对教案和课件的再创造;教师不是教教材,而是用教材教;不是把心思放在教材、教参和课件上,而是把心思放在观察学生、倾听学生、发现学生上;不是把学生的学当作一种对教的配合,而是真正把学生看作学习的主体和教学过程运行的不可缺少的重要组成部分。

总之,面对教育信息化的挑战,教师要重新学习,不断学习。这是新形势下教育教学发展的需要,也是教师进一步发展的需要。教师要有开放的心态、敢于实践的勇气,与教育的信息化相随共舞,做一名合格的新型教师。

案例49

基于学科核心素养的小学习作教学实践探究

平度经济开发区厦门路小学

一、问题的提出

语言建构与运用是语文核心素养的重要组成部分,学生个体语言建构与运用的水平是语文素养的重要表征之一。语文课程标准也指出要"培养学生的语言文字运用能力,提升学生的综合素养。"近年来,全国范围内各个层面对"语言文字运用"的研究全面开展。平度经济开发区厦门路小学也根据学科核心素养和课程标准,结合学校的实际情况进行实践研究。但也有一些具体问题亟待解决,例如,如何基于学科素养落实"语言文字运用"的目标,如何对统编教材写作进行有效落实。

从课程这一角度来审视,我校小学习作教学主要存在以下问题。第一,语文教师重阅读教学而轻语言文字实践教学。由于学校师资不足,存在跨学科、跨班级教学的情况。年轻教师占多数,经验不足,教学任务繁重。部分教师将四分之三以上的时间用在阅读教学上,忽视了语言文字的实践教学。第二,习作教学不系统。由于原来所用的苏教版教材里习作教学内容不系统,部分教师在教学生进行习作训练时教学也不系统,年级段间教学差异不明显,未根据学生年龄特点进行有差别的、层层递进的螺旋上升式教学,甚至有的教师把一个习作教案从三年级用到六年级。这些情况导致学生不爱写作,在写作时写空话、套话、假话和废话。

教师经过多次统编教材的培训和新课改理念的洗礼,对于习作教学有了怎样的看法,困扰他们最大的问题是什么?学生对习作有怎样的看法,影响他们喜欢作文的因素又是什么?为此,我们分别对教师和学生进行了相关的问卷调查。

最终的调查结果显示:学生对习作仍缺乏浓厚的兴趣,写作能力亟待提高。这与近几年来多位老教师退休、多位新教师入职也有着一定的关系,所以急需加强教师习作方面的培训,满足学生习作需要,调动学生习作内需,实现顺利表达、快乐表达的目标。

基于以上思考,我们提出了《基于学科核心素养的小学习作教学实践研究》的课题。

二、关于课题的界定

所谓"学科核心素养的小学习作教学实践",即在学科核心素养背景下,进行有效的习作教学实践。

三、研究的理论依据

研究的理论依据是现代教育学、心理学、语文课程标准、统编语文教材、语文课程改革与教学改革以及有关作文教学革新资料。

四、课题研究目标

课题研究目标是培养教师在语文核心素养背景下有效地进行习作教学的能力,提高学生习作的兴趣。研究宗旨:针对小学生怕习作的实际和现状,通过基于学科核心素养的小学习作教学实践的研究,提高学生习作的能力。

五、课题研究的方法

本课题研究的主要方法是行动研究法、问卷调查法和经验总结法。本课题通过对学科核心素养的小学习作教学实践研究,训练小学生的创造性思维,培养其良好的思维品质和自主写作的意识,使其具备一定的写作能力、评改能力,为今后写好作文、修改作文奠定基础。

六、实践探索,寻求习作教学策略研究

我们在本课题研究中做了如下几方面的工作。

(一)立足课堂,探索研究策略

从调查问卷中能看出,习作教学实践研究迫在眉睫。课堂是课题研究的主阵地。我

们把课题研究和课堂教学紧密结合,使研究扎根于课堂这块土壤,围绕研究目标进行实践探索。

(二)课后反思,提升研究成果

教师的反思总结对促进课题的有效进行有重要作用。课题组的教师把在教学中的反思、收获等记录下来,在此基础上撰写教学设计、教学案例。学校定期举行作文竞赛。这些活动使课题组在研究实践中不断地总结、反思,并在此基础上提高。

(三)实践中寻求习作教学策略研究

语文课程标准提出:"指导学生正确地理解和运用祖国的语言文字,使学生具有听说读写的能力。"教师要认真研究统编教材的习作内容,系统、有效地对学生进行训练。我们把统编教材三到六年级习作按文体进行分类,大致分为以下几类:想象类作文、写景作文、写人作文、说明文、实用文、其他。

1. 小学低年级段习作方法和策略

根据学生身心发展规律,我们应让低年级段学生多阅读、多说、多写,从句入手,能将句子说完整、说精彩;再让学生学会讲故事,从看多幅图讲故事到看单幅图讲故事,逐渐训练他们离开图片的支架进行写作的能力。

诵读法:由于低年段学生知识储备量不丰富,给他们创造机会多听、多读,提升他们的语文素养,让他们喜欢上习作表达。诵读的内容与教材、整本书阅读、节假日和学生的生活有关。可以让学生利用早读时间,每天诵读相关内容。可运用朗读、情景剧等多种方式。每周最少拿出一节课进行指导和交流。

游戏写作:为契合低年级段学生的身心发展特点,可采用游戏写作。主要方法是利用图画进行看图说话、看图说故事训练;在课间创设游戏活动,结束后引导学生说游戏中的有趣的点;在学完故事性课文后让学生根据故事中精彩的部分创编生活中相类似的故事,训练表达力。

表演写作:让学生演一演绘本故事,通过这种方式让学生关注故事中人物的语言、表情、动作等,训练他们的语言感知能力。

绘画写作:让学生把古诗中的情景画下来,再根据这幅图说话、创编故事。

2. 小学中年级段习作方法和策略

中年级段学生要学会写不同文体的文章。他们在低年级训练的基础上有了一定的表达能力,但他们对写整篇文章缺乏整体布局,因此对他们的习作训练由句拓展到段、篇。

读写结合:中年级段学生每天要完成 5 分钟的演讲或朗读,学会运用思维导图关注故事的发展主线、主要人物、主要事件、人物性格品质等,概括故事的主要内容,通过摘抄积累好句、好段。教师要教会学生领悟文章写作方法、表达技巧,从背诵积累到仿写,再到编写、创写,层层递进,让学生更上一层楼。

活动中写：让学生参与学校以传统节日为主题的活动，进行创作。这既能加深他们对传统文化内涵的认识，又能训练他们的习作能力，一举多得。

随笔素材：生活中不是缺乏素材，而是缺乏发现它的双眼。素材本的使用提升了学生对生活的观察力，让学生养成随时记录的好习惯。

利用教材进行文体训练：教师要充分利用教材，给学生做好文体训练。

3. 小学高年级段习作方法和策略

教师要给高年级段学生写好文章搭建好支架，让他们的写作水平呈螺旋上升的趋势。主要辅助训练方法有让学生深度研读名著情节并品析人物等。

4. 小学习作教学评价研究

注重评价的主体的多元化，评价包括自评、同学互评和师评。

七、现阶段课题研究成果呈现

（一）学生层面

通过实践活动，学生的写作兴趣增强了，其语言文字运用能力有了提高。班级阅读和读书交流活动的开展让学生口语表达、阅读与写作能力都得到了一定程度的提高。

（二）教师层面

教师的教学观念发生了一定的变化，能根据学情、站在学生的角度去设计习作课。

八、存在的不足

教师的学习意识和反思能力还有待提高，实践研究方面仍需要努力。学生的习作态度、能力和水平仍需提高。

案例 50

基于学生思维发展的读写结合实践研究

平度经济开发区厦门路小学

一、问题的提出

"课程标准"在"课程设计思路部分"明确提出"语文课程是实践性课程。语文课程是学生学习运用祖国语言文字的课程，应该让学生多读多写，日积月累，在大量的语文实践中体会、把握运用语文的规律"。

"新课程标准"对课外阅读的数量也有具体的规定：第一学段，课外阅读量不少于 5 万字；第二学段，课外阅读量不少于 40 万字；第三学段，课外阅读量不少于 100 万字。

现在课外阅读教学的现状是时间少、质量不高、效率低下。没有一定量的课外阅读的积累，就谈不上所谓的素养。温儒敏先生提出了"海量阅读"，这是要求学生保证阅读的数量。当然，阅读的量上去了不代表质就随之提高。如何提高学生阅读的质量是应该好好研究、探讨的。

从课程这一角度来审视，我校小学习作教学主要存在以下问题。由于学校师资不足，存在跨学科、跨班级教学的情况。部分教师忽视了语言文字的实践运用。

我们通过对学生进行相关的问卷调查统计发现学生的写作能力方面亟待提高。我们必须调动学生的习作内需，实现顺利表达、快乐表达的目标。

基于以上思考，我们提出了《基于学生思维发展的读写结合实践研究》这一课题。

二、核心概念的界定

思维能力是核心素养之一，占有重要的地位。思维是人脑借助于语言对事物的概括和间接的反应过程。通常意义上的思维，涉及所有的认知或智力活动。它探索与发现事物的内部联系和规律性，是认识过程的高级阶段。

思维能力指人们在工作、学习、生活中遇到问题，总要"想一想"，这种"想"，就是思维。它是通过分析、综合、概括、抽象、比较、具体化和系统化等一系列过程，对感性材料进行加工并转化为理性认识及解决问题的。我们常说的概念、判断和推理是思维的基本形式。无论是学生的学习活动，还是人类的发明创造活动，都离不开思维，思维能力是学习能力的核心。

三、国内外研究

（一）国内相关研究

读写结合不是新课题，早在 20 世纪二三十年代，夏丏尊、朱自清、叶圣陶等教育家就已经提出。关于读与写的关系，叶圣陶指出："读与写的关系密切。阅读是写作的基础。阅读是吸收，是基础。写作是倾吐，是内化。阅读和写作，吸收和表达，一个进，从外到内，一个出，从内到外，先有吸收，才有倾吐。"

只是这种正确思路并没有被完全继承下来。教育者走了一段时期的偏路，最近又提及这种正确的思路，只不过提及时又结合新时代的特点进行了改良，如专题阅读、整本书读写等。

（二）国外相关研究

在国外，读写结合受到广泛关注，要首推 5R 笔记法或康奈尔笔记法。5R 笔记法是记与学、思考和运用相结合的有效方法。Mateos 等人研究了多个案例，发现那些能写出详尽的作文的学生，会反复、灵活地利用读书和写作相结合的策略。

四、选题意义及研究价值

（一）理论意义

本课题的研究，基于学生的学习现状，根据具体问题提出解决方法，培养学生对语言文字的实践运用能力，训练他们的思维能力。

（二）实践意义

在小学语文教学过程中，将读与写结合有利于提高学生的分析和创造能力。学生在阅读课文时，会自觉地在头脑中对文章内容进行加工，对文章的结构和所表达的思想进行分析，因此，大量的阅读对提高学生的分析思维具有促进作用。学生在大量的阅读基础上，当其知识量积累到一定程度时，就会具有创造的动力和源泉，再通过写作训练其创造思维，提高创新能力。

五、研究目标

（1）调查研究学生习作质量不高的原因及小学课外阅读现状。结合学生阅读和写作现状，做好引导促进学生读写技能的同步提高。让学生养成良好的读写习惯，掌握相应的读写方法，训练学生的思维能力。

（2）加强课外阅读互动过程的研究，构建科学、规范、有效的小学语文课外阅读指导课和读书汇报课的活动模式，采用多种阅读形式，提高学生的阅读兴趣。

（3）促进学生人文素养、情感道德、审美情趣的提高。

（4）让学生实现由爱读、会读到能写的完美转换，探索读书和写作的有效结合。

六、研究过程

第一阶段：初期准备阶段（2017. 7—2018. 2）。

研究内容：整理课题申报相关材料，完成课题申报立项。成立课题组，明确职责分工，阅读相关国内外专家的成功案例，组织骨干教师搜集、整理国内外相关文献和资料，确立科学、有效、操作性强的研究方案，完成开题报告。

成果形式：课题立项申报书、课题实施方案、各子课题实施方案。

第二阶段：中期实施阶段（2018. 2—2018. 12）。

研究内容：以厦门路小学的学生为研究对象，在充分调查的基础上，结合各班级和学生的学情，进行有效的读写结合指导。对研究目标分解到位，以子课题形式分头开展实践研究。适时进行阶段性研究工作总结与交流。

成果形式：中期研究报告和相应论文、学生作品。

第三阶段：总结阶段（2019. 1—2019. 10）。

整理近一年的相关研究资料，撰写结题报告。

七、研究方法

本课题在研究过程中采用了多种研究方法，以行动研究法为主，以文献研究法、调查研究法、经验总结法、个案研究法等为辅。

（1）调查研究法：采用问卷的形式，了解教师、学生、家长对课外阅读、习作的态度及学生习作的水平，找准问题所在。

（2）个案研究法：观察、记录特殊学生的阅读习惯、阅读品质与习作能力关系的变化情况。对读写能力强的和读写能力差的学生加强引领。对读写结合探索有成效的班级进行深入的考察和分析,搜集更多的个案资料。

（3）行动研究法:选择部分班级开展读写结合的实践,边行动边研究,把教育教学实践与理论相结合。调查清楚学生读写能力低下的原因,并制订提高计划,在实践中探索研究并做好记录。

（4）经验总结法:对学生读写过程中的表现、探索适合学生的读写结合的有效方法等做经验总结,促进学生思维能力的提高。

（5）文献研究法:本研究利用中国学术期刊网、CNKI 中国学术期刊网络出版总库、中国优秀博硕士学位论文数据库等平台进行相关文献的检索。在对国内外文献资料进行有效收集、整理的基础上,对前人的研究成果进行总结、评价与创新。

八、读写结合模式的探索与实践

课题开展以来,我们以理念为基点生发出多项模式来实现课题目标。

（一）以理念为基点,"拨云见日"

当今教学改革提出,要尊重学生,尊重学生的思维,尊重学生的思维建构。这种尊重是为了引领学生更好地、自主地学习,形成自己的高品位、高素质、关键能力,以满足学业发展及未来发展的需要。我们以此为培养契机,发展学生的思维能力,促使其养成良好的品格。

（二）定完整活动链,"行路有印"

带领学生进行读写结合实践的过程要经过"读书活动—解读发现—内化思维—习作呈现"这样一条完整的活动链,一步一个脚印往前走。

（三）搭建多样活动平台,"展示有台"

我们为学生搭建多种展示平台,提供评比的机会,让他们在展示中树立自信,在评比中找差距,不断提高自己的阅读和写作的能力。

（四）培养教师专业能力,"引导有方"

学生要走得好,前方要有正确的"领路人",教师就是这个"领路人"。我们注重培养教师尤其是青年教师的相关专业素养,探究优秀读物中的写作"奥秘",让教师做好"领路人",做好学生成长的"垫脚石"。

九、多种保障机制

（一）多种读书保障

1. 图书仪器下架,真正在师生中流动

学校在每层楼建起图书漂流站,让图书全部下架入站,供学生随时翻看。学校制定管理方案,一处书架由一个班级管理。学校还专门设计了漂流书标,印发"漂流寄语"和"留言天地"专用纸张供学生制作漂流书,引领着漂流活动从"班级管理"向"自我管理"过渡。同时各班级成立班级图书角,发动学生将自己喜欢的约七成新的各类书籍主动捐

献到班级，举行"好书换着看"活动，实现好书齐分享。阅览室对师生开放，实现资源共享和资源效益最大化。

2. 编选范本，开发不同年级的诵读教材

范本编选为经典诵读的首要任务。我们成立专门小组，小组成员请教专家，外出学习，查阅资料，反复推敲，最终以古诗词、古今名文两大板块编辑了诵读范本——国学校本教材 1～6 册，每年级一册。

（二）多样读写结合活动

写读书笔记、读书旁批、读后感，做整本书阅读思维导图、古诗绘本，仿写名篇名段等活动与读书同时进行。学校每学期评选"读写小达人"，展示评选出来的优秀作品。

学校每学期制订诵读计划，结合学生年龄，规定每日诵读时间，在学校、家里、阅读群进行各种形式的诵读。

学校开展经典诵读星级达标活动，树榜样，立典型，带动全员提高。期末全校达标检查，并将检查情况反馈、存档。

（三）提高教师专业素养，做好保障工作

教师通过专家培训、阅读专业书籍、写教学反思、做读书笔记、参加相关竞赛等各种方式提高专业素养。教师所写的教学反思，最多者达到 25 万字。教师不断参加各种业务比赛，获得许多奖项。

教师积极探索有效的读写结合教学思路，在学校大课题探讨的完整教学活动链的基础上，探索、完善下面的小课题，设计相关课时教案，将读写结合达到最优。

十、读写结合教学策略

由于不同年龄段学生有不同的身心发展特点，我们分学段采取不同的教学策略进行教学。

对于低年级段学生，我们引导他们多阅读、多说、多写，从句入手，能将句子说完整、说精彩；再让他们学会讲故事，从看多幅图讲故事到看单幅图讲故事，逐渐训练他们离开图片的支架进行习作的能力。我们采用诵读法、游戏写作、表演写作、绘画写作进行读写结合教学。（具体方法见案例 49）

对中年级段学生教师要充分利用教材中的文章寻找读写结合点，用多种形式对其进行有效的读写训练。中年级段学生在低年级段训练的基础上有了一定的表达能力，但他们对写整篇文章缺乏整体布局，因此对他们的习作训练由句拓展到段、篇。我们采用读写结合、在活动中写、收集随笔素材、利用教材进行文体训练等方法指导中年级段学生。（具体方法见案例 49）

高年级段学生要由"会写"到"写精彩"。我们要给高年级段学生写好文章搭建好支架，让他们的写作水平呈螺旋上升的趋势。主要训练方法有让学生深度研读名著情节并品析人物等。

十一、课题研究成果

我们预期有以下研究成果。

（1）学生爱上读书、会读书，对所读的书有自己的见解。

（2）学生写出优秀作文。

（3）相关论文发表。

（4）完成《基于学生思维发展的读写结合实践研究》研究报告。

（5）形成一套切实可行的教学经验并推广。

案例51

提高教学质量的实践与思考

莱西市姜山镇泰光中学

莱西市姜山镇泰光中学是一所农村中学，近年来，骨干教师流失，代课教师多，生源基础薄弱，发展面临诸多困境。但学校不等不靠，坚持以问题为导向，以教研为引领，聚焦课堂教学，致力于建立科学的教学管理体系，进而提高整体的教学质量。现将主要做法总结如下。

一、课前抓有效备课

（一）抓教学研究和集体备课质量

（1）教研、集备做到"六定"：定时间、定地点、定人员、定内容、定召集人、定主讲人。

（2）备课组长提前安排主备人。学科主备人按照统一的集备记录提前备课，主要备课内容包括课标研究、中考（会考）研究、重难点、重难点突破、教学方法研究、学生学习能力（独立思维）培养、课堂检测设计、课后作业。集备要体现学科素养培养和"一生一策"的要求。

（3）集备时，主备人按照事先准备的集备记录进行通讲，其他教师人手一份空白记录表，对主备人所讲内容进行补充，并逐项记录。主备人完善原稿，最后每人整理一份定稿。主备人在集备当日将定稿复印一份，交教导处备查。组内教师根据集备成果形成个人实用教案。

（4）教学研究参照集备进行。

（5）分管领导和级部主任负责监管，集备组长和教研组长负责协调安排。

（二）抓教师实用教案编写质量

（1）工作三年以内的青年教师要写详案。工作三年以上教师可以写简案，简明扼要，要实用。教案节数与课程设置的标准一致。

（2）教师要认真研究课标、教材，研究相关的中考、会考试题，吃透教材内容，掌握课程标准。

（3）教师要准确把握重难点,找准突破重难点的方法。

（4）教师要精心设计教学过程,强调有效学习,实施分层次教学;注重培养学生独立思考的能力和良好学习习惯;提倡精讲精练,做到堂堂清。

（5）教师要精心准备课堂检测。检测内容与教学目标一致,分层次,形式多样,容量适度。

（6）教师要分层次布置作业,提高作业质量,充分发挥作业的复习、诊断、巩固、拓展功能。

（7）教师要写好教学反思,分析课堂得失,研究下一步如何改进课堂教学。

（8）教师要用好教研室下发的各科导学案,结合教学实际有选择地利用,积累优秀导学案,发挥好其作用。

（9）教导处按时检查,把检查结果计入教师绩效考核。

二、课中抓有效教学

（一）教学设计上以学生为中心

教师在教学设计上应以学生为主体,以问题为引领,落实"先学后教""以学定教";以方法、思路为主线,突出知识的掌握与能力的提高;强调学习目标的具体性(即目标的实施过程是可控的,目标的达成也是可测的)。

（二）时间的安排上以学生为中心

学校提倡课堂上要多给学生思考的时间,要求教师在"导"字上下功夫,在"精"字上动脑筋,把主要精力和时间放在激发学生的学习兴趣上,放在学生学习、讨论、交流时对学生适时、适度的点拨和指导上。课堂教学应该重视"精讲精练",将课堂还给学生,减轻学生学习的压力。"精讲"就是只讲那些重要概念和规律的形成过程,留给学生充分的思维空间,一定要克服"满堂灌"的模式;"精练"就是要设置既有针对性又具有适度挑战性的问题或情景,激励学生在问题的解决中巩固知识。

（三）组织形式上以学生为中心

教师在课堂教学中要把学习的主动权交给学生,把教学生"学会"转变为教学生"会学",使学生获得独立自主去探求和掌握新知识的本领,使学生始终处于自觉、积极的学习状态中。实现以教师为中心的被动接受式教学向以学生为中心的主动参与式教学的转变,以记忆为主的机械学习向深刻理解的意义学习的转变。

（四）加强课堂检测

教师要根据学科特点,精心设计检测内容,加大课堂检测力度,做到凡讲必测、能测必测、注重时效、及时反馈。

三、课后抓有效作业

作业是课堂有效学习不可分割的组成部分,是培养学生学习能力,使其养成良好学习习惯的重要手段。

(一)控制作业数量,提高作业质量

作业布置要具有目的性,不同年级有不同的作业布置要求。作业以语文、数学、英语为主,总量不得超过 1.5 小时;要划分层次,做到让学习能力强的学生"吃饱、吃好",让学困生掌握基础知识。可以布置实践性和创新性作业,激发学生的学习兴趣。

(二)抓周末作业

周末作业要有系统性、针对性,梳理一周知识,要独立呈现:(1)可采用试卷、提纲形式,统一格式"XX 级部 XX 学科 XX 周周末作业";(2)列出一周的知识点及重难点。

(三)抓作业批改

教师要做到至少把一类作业全批全改,对个别问题突出的学生当面批改;让学生及时纠正错误,用好错题本,对错题本要做到二次批改,发现问题当面辅导。教师应该对作业中普遍存在的问题做好记录,新课前统一纠错。

案例52

信息化背景下小学"品·智"课堂模式的探索与实践

青岛大学路小学

当今世界,丰富的现代信息技术手段改变了人类的思维和生产、生活、学习方式,深刻展示了世界发展的前景。在这一背景下,青岛大学路小学立项并开展了青岛市"十三五"规划课题《信息化背景下小学"品·智"课堂教学模式研究》。

一、基于问题的研究进程

(一)问题聚焦

教育信息化的核心在于促进人们更好地适应信息化环境。如何利用学校优质的信息资源,加大信息化研究的力度,逐步形成以信息化管理为保障、信息化培训为基础、信息化资源课程为支撑、信息化教学与评价为核心的现代"品·智"教育形态,成为学校课题研究聚焦的问题。

(二)研究保障

(1)建构信息化管理系统。学校用校园即时通、FTP 空间、数字化系统实现办公高度信息化、迅捷化。

(2)建构信息化宣传平台。学校用校园网、微信订阅号和企业号等实现资源共享和

家校互动。

（3）建构信息化学习环境。学校配备功能先进的录播教室、微机室、平板教室、VR（Virtual Reality，虚拟现实技术）教室。所有教室及功能室均安装中控、投影仪、希沃白板、视频展台、音响等，实现无线网络的全覆盖。

（4）提升信息化理念与素养。学校以校本培训、外出学习、远程研修等方式组织教师学习技术，让教师始终站在教育信息化的最前沿。

（三）研究进展

1. 技术路线

学校以提出问题为切入点，以调查研究和文献研究为基点，在课程改革中充分凸显教学要素之间的信息技术关联，以信息技术创设教学环境、优化原有教学体系，逐步建构起信息技术背景下的自主、合作、探究课堂模式，提升教学效能。学校以跨学科的课堂和学生评价推进效果评估，开发各学科基于信息技术的模式，推广学生居家学习期间的专属化服务项目，实现了信息技术环境下学校、教师和学生的全面发展。课题综合运用行动研究法、经验总结法、文献研究法等多种研究方法，坚持理论构建与实践探索相结合，实证与个案研究相结合。

2. 模式探索

学校成立各学科课题研究项目组，下设子课题工作室，形成了领导管理—技术保障—培训策划—学科教研—组织实施的良好机制。学校通过信息化背景下"品·智"课堂教学模式的探索，研究基于信息技术、富有学科特色、体现"品·智"共融的课堂教学模式，建构民主、平等、合作的学习交往空间。

二、基于项目的研究成果

（一）信息化背景下小学"品·智"课堂教学模式

1. 核心模式构建

理论模型：根据小学生的年龄特点和发展规律，应用现代信息技术更好地推进小学生在"启蒙期"的核心素养发展，即结合各核心课程的内容与特点，以技术关联并优化各学科教学目标，促进"学会学习、健康生活""人文底蕴、科学精神""责任担当、实践创新"这三个素养领域的无缝衔接。

模式图解：信息化背景下小学"品·智"课堂教学模式遵循"先学后教""以学定教"的原则，以多元一体化技术输出为背景，搭建虚拟与现实并联的"教室"平台，通过线上教学与线下教学的数据共享和体系规范，开发基于信息技术的学科核心课程。

关键索引：① 多元一体化技术输出凸显信息技术优势，通过电脑、手机、电子书包等终端设备，应用 VR 或 AR（Augmented Reality，增强现实技术），营造不同的学习情境，实现针对不同内容的学习体验，体现出线上与线下混合教学过程的互动性（基于师生信息技术应用的虚拟教室与基于"班级 + 社团""教研 + 科研"的有形教室的互动），从而为学校、教师和学生提供更为优质的教学体验和学习体验,搭建起一个多重运行的信息化"教室"。这种"教室"具有远程对话、在线巡课、信息共享、评价管理、教学评估等功能。② 利用网络技术工具的分析、诊断等功能,我们可以对在线学习过程实施精准评价。通过对在线学习数据的分析、诊断,促进线上教与学行为的改进,提升学生和教师的信息获取能力、自我管理能力以及对多种技术工具的综合运用能力。③ 我们通过采用弗兰德斯互动分析课堂观测量表,记录课堂中师生的互动频率和效果,经过数据分析与比对,发现信息化背景下的"品·智"课堂教学模式的教学效果优于以往的课堂教学效果。

性能优势:① 沉浸性。信息化背景下"品·智"课堂教学模式可以增强教学过程和情境的亲身感受,更容易使课堂知识被理解、掌握。② 仿真性。采用虚拟技术营造的生动、逼真的学习环境,给学生带来很强的仿真体验感,能够帮助学生巩固学到的知识。③ 主动性。该模式以信息技术调动学生看、听、想、做之间的协作,让学习过程从被动接受转变为主动探索。④ 趣味性。该模式能够有效地将学科知识融入趣味科技中,让交互体验学习与书本教学相得益彰。⑤ 全面性。该模式实现了对学生的学科知识、科学技能以及生活能力的全面培养,促进了小学阶段核心素养的全面发展。⑥ 拓展性。该模式通过信息技术终端随时链接新的校内外学习资源,使学习过程和内容与时俱进。

2. 各学科"品·智"教学模式构建

学校在核心模式下,通过项目组研究、构建了信息化背景下各学科"品·智"课堂教学模式。语文学科成立识字、课内阅读、课外阅读、习作四个工作室,借助信息技术手段,形成了"课前选读—课中精读—课后博读"的"品·智"课堂教学模式。数学学科成立数与代数、图形与几何、统计与概率工作室,探索形成了"VR创境提出问题—依托情境解决问题—精讲点拨内化提升—练习巩固反思评价"的教学模式。还有其他教学模式,如英语学科线上、线下师生联动,道德与法治学科"课前自助式、课中互动式、课后自省式",体育学科微课先导,音乐学科生活化翻转课堂,美术学科信息化背景下"趣美思动"。

这些教学模式具有以下共性。

(1)以不断升级的信息化设施丰富学习手段、提高课堂效能。电子书包为学生提供了更加丰富多元的文字、图片与视频学习素材,使得小组合作学习有了良好的资源基础;希沃白板系统,可以随时切换到学生展示的界面,统计反馈学生学习的结果,为教与学的互动提供了更多机会;VR/AR技术的运用,使得学生有了身临其境的感觉,微观上能放大和缩小,操作上能分解和观察。可见,信息化背景下的"品·智"课堂,教师讲的时间更少了,学生主动学习的空间更大了,但对教师学科素养、技术素养的要求更高了。

(2)以不断优化的技术重新认识并打造会"流动"的教学资源。信息化背景下的"品·智"课堂,在技术支持下构建起以合作对话为主要方式的开放、多样、动态的教学环境。例如,利用技术手段整合传统学习资源、网络学习资源等预设资源制作微课;注重单元整体教学的共享,通过集备把握单元教学目标,挖掘单元教学内容,设计单元教学过程,规划单元教学时间,实施单元作业。这种流动的教学资源,最大限度规避了因教师发展不均衡造成的对教学质量的影响。

（3）以学生、技术和学习之间的有效联系重构教学新生态。教学是一个追求价值、创造价值和实现价值的过程，其根本价值在于"培养人"，在于学生的发展。信息化背景下的"品·智"课堂不是"我教你学"的课堂，也不是"先学后教"的课堂，而是"导学一体"的课堂，是以自主式学习为主线的前置预热课堂、以互动学习为主线的课中核心课堂、以自省式学习为主线的后置外延课堂。信息化技术的应用贯穿于课前、课中和课后，是用最合适的设备、最佳的使用时间、最好的软件或数字媒体实现的最优化的学习。

（4）"品·智"教育贯穿于信息化课堂始终。立德树人是新时代教育的使命。信息化背景下的"品·智"课堂将传承知识、培育能力、涵养品性、助长生命的理念落实到教学过程中，达到在知识增长的同时启迪智慧、涵养品德、健全人格、润泽生命的教育目的。"品""智"既是过程、方法又是目标、结果，二者和谐统一，即信息化背景下"品·智"课堂既是一个主动愉悦的学习场，又是一个关注人人的德育场。

（二）依托"小品·小智"课程，培养学生自主学习、终身学习的能力

学校充分发挥各学科信息技术强势，为学生的学习和发展提供良好的教育环境和有力的学习工具——青岛大学路小学"品·智"微课程。该课程包括两部分内容："小品"课堂，以学生的行为习惯为主题，旨在帮助学生养成良好的学习及行为习惯，掌握简单的生活及学习技巧，内容有"小小家长在模仿""老孙叫我来巡班""如何整理书架"等；"小智"课堂，以学习为主题，旨在帮助学生轻松且深刻地了解相关方法，突破难点，丰富知识，开阔视野，内容有"共同学习阅读的方法""进位的三位数加法""认识音符朋友"等。这些课程内容均来自身边的老师和同学，可以很好地发挥老师引导、同伴引领的作用，培养学生自主学习、终身学习的能力。

（三）多途径探索保护学生表达和获得深层次知识的能力

成长于数字时代的学生，习惯阅读社交媒体上短小、简单的文本，而无法专注于理解大篇幅的文章；习惯于收看交互鲜明的视频，而不能生动地表达看到的内容。学校阅读研究项目组深入研究纸质阅读和数字阅读的区别与联系，发挥两种阅读方式的优势。学校以海洋类书籍的阅读为依托，引导学生通过阅读实体书籍，慢慢品味书中的思想和内容；引导学生从网上获取需要的信息资源；采用整本书阅读的策略，让学生学会快速浏览、搜索关键词、精准阅读；通过微信推介、故事发布、演讲、征文等方式激发学生读后感悟、生动表达、互动交流，从而让学生学会面对不同的阅读媒介选择精准的阅读方式、表达方式，保护学生表达和获得深层次知识的能力。

三、课题成果与推广

（一）信息化管理的优势迭显

一是以教师为中心，建立了网络教研备课系统、教学资源管理与共享系统、教师学习与评价系统、视频录播点播系统、远程网络会议系统等，实现了一站式教学工作的信

息化。

二是以学生为中心,以课前学习、课堂互动、课后拓展、家庭作业、学科检测为主线,建立了完备的"学、练、考、评"学习系统,打造自主探究、沉浸交互的学习平台,实现快乐学习。

三是以家长为中心,建立了家校互动系统,实现了家校协同育人。

(二)智能化课程的探索初显

学校在对校园网络进行升级改造的基础上,充分发挥智慧教育的优势,创建的全国首家 VR 教室也进入了课程探索阶段,在教育部主办的"虚拟现实在教学中的深度应用技术"交流会上做了经验分享。

(三)信息化素养的发展明显

在课题研究期间,特别是 2017—2018 年度,学校连续数月位于"青岛市互联网 + 校园影响力"排行榜榜首。学校先后被评为山东省文明校园、青岛市五星级学校、青岛市首批教育信息化应用创新示范校、青岛教育国际交流合作特色学校、青岛教育年终总评榜国际化·创新特色名校。学校教师发表相关论文 38 篇,出市、区级优质课、公开课、优课 49 节,获各级荣誉称号 30 人,在各级会议上进行经验交流 5 次。

四、下一步研究方向

(一)提升教师的信息技术认知能力

目前,计算机、互联网为教育信息化提供了平台,VR、AR 则为教育教学情景设计、展示和教学的实施提供了全新的平台和手段,对于培养学生的科学学习能力、批判性思维、创新精神及实践能力都有重要帮助。这就要求教师在前期研究的基础上尊重新技术、认识新技术,不断学习新技术,并积极应用新技术改进教学方式。

(二)提升教师的信息技术应用能力

现代信息技术进入课堂教学,改变了原来单纯的"师生"二元关系,增加了信息技术媒介的作用,形成了"教师—技术—学生"的三元结构。信息技术真正融入教育教学中。在这个过程中,教师的信息技术应用能力直接决定了信息化与教育融合的深度和广度,因此大力提升教师信息技术应用能力已成为我们下一步改革与发展的关键要素。

五、课题研究的启示

随着信息化时代的到来,信息技术正与课堂教学融合。它增强了教材的感染力,扩大了阅读的信息量,拓展了学生的思维空间。学习自由度提高了,学生学习的兴趣浓厚了,课堂教学的实效增强了。如果说,课堂教学是师生生命里程中最辉煌的一段,那么现代教育技术必将为这"辉煌的历程"增添神奇、绚丽的一笔。

基于技术,面向未来,让信息化背景下的"品·智"课堂"悦动"起来!

案例 53

信息连接你我他，"品·智"作业显身手

青岛大学路小学

当今社会,信息技术改变了人的思维方式、教育方式、学习方式,被广泛应用于教学领域。如何以作业为主线,以技术为中介,实现学生主动、愉悦、有效的学习,是青岛大学路小学一直以来思考的问题。

一、信息化背景下"品·智"作业发展定位

(一)重新定义作业

作业除了具有巩固课堂学习内容、提高学习成绩的功能外,还有保持或者提高学习兴趣的功能,有利于发展学生应用知识解决问题的能力、创新精神与实践能力,培养良好的学习态度与学习习惯。因此"品·智"作业致力于在特有的作业情境中实现"品"育与"智"育的和谐统一,将传承知识、培育能力、涵养品性的理念落实到作业中,教书育人,立德树人。

(二)重新定义课堂

"品·智"作业环境下的课堂不是"我教你学"的课堂,也不是"先学后教"的课堂,而是"导学一体"的课堂。这种课堂以技术关联并优化作业设计,搭建虚拟与现实并联的"教室"平台,通过课前、课中、课后作业的完成与共享,实现最优化的学习。

二、信息化背景下"品·智"作业课堂建构

(一)课前自助式作业:从搜索开始,自觉主动

学校充分利用现代媒体资源沉浸性、交互性和趣味性的特点,引导学生基于学习需求,通过快速浏览、关键词搜索等方式完成查阅资料的作业,把一些道理和知识初步弄明白、搞清楚。各学科都在尝试的"课前演讲小达人"的作业,实现了阅读和表达的有效结合,唤起了学生的学习兴趣。

(二)课中互动式作业:从合作开始,深度学习

1. 小组思维联动

学习的过程是思考的过程,更是互动、分享的过程。教师通过设计能激发学生深度学习的作业单,引导学生以小组的方式聚在一起讨论、尝试、操作、书写……既有尊重伙伴思维的认真倾听,也有努力解决问题的小声讨论,更有为突破一道道难题的共同雀跃……这让课堂成为一个主动愉悦的学习场,一个关注人人的德育场。

2. 线上线下联动

"一起作业"软件在学校英语组达到了 100% 覆盖。教师针对教学进度组内集备研

讨,充分考虑学情、作业的趣味性、家长的陪同时间,在临近周末时把"一起作业"推送给学生。学生线上的参与度不断提高,很多学生成为"一起作业"的应用小达人。凭借"一起作业"的良好表现,很多学生兑换了他们喜爱的奖品,更通过这种作业方式了解到没有付出就没有收获。

(三)课后自省式作业:从网评开始,全面发展

学校采用技术软件建立班级评价平台,既有作业习惯评价,又有学科作业品质培养;既有个人作业评比,又有小组作业表彰;既有奋斗目标,又有加分项目。通过这种生动活泼的作业评比界面、强大迅捷的大数据统计,反馈及时、详细、真实,评价全面、客观、多元,呈现了"1+N"助力学生全面发展的教育新形态。学校还充分利用抖音、录播等,全面进行诵读、心算、劳动、体育、艺术等作业的展示,在疫情期间起到了很好的促进学生全面发展的作用。

作业改革,是在时代大环境下,通过转变作业观念、改变作业方式和评价方式探索的一条轻负高效之道,一条悦动成长的美好之道。我们会坚持探索,不懈前行!

案例54

项目式教研,点亮磨课行动

青岛大学路小学

教育要发展,教师是关键。教师要变化,课堂是根本。青岛大学路小学用项目式教研点亮磨课行动,助推"悦动课堂"的校本化落实。

一、启动项目预研究,营造磨课氛围

思维的碰撞能产生灵感的火花,问题的辨析能让思维更活跃。学校启动项目预研究,对"悦动课堂"推进的程度、学科教研推进的力度进行了自我评估;开辟了教研专用室,落实好课表,让每个学科每周都有半天集中磨课的时间,从而保证了"悦动课堂"研究定期在相对公开的状态下进行,营造磨课的氛围。

二、成立项目专研组,确定磨课目标

爱因斯坦曾说,发现一个问题比解决一个问题更重要。通过学期初听课和备课笔记检查,我们发现,教师在课堂中缺乏问的智慧,表现为课堂上问得碎、牵得紧,问题缺乏思维价值,流于形式。教师过于注重教学的设计,忽视了学生回答的质量,导致学生在课堂上发展变化不明显。为此,学校融科研、教研于一体,成立了学科项目组,确定了磨课目标,即以"'品·智'互动,愉悦人人"为目标,以"启思悦纳,互动悦享,拓智悦心"模式为基点,聚焦优质提问的"三环六度",提升课堂"思维悦动"的指数。

三、探索项目式研究路径,点亮磨课行动

学校探索"品·智"教师项目化培养路径,激发教师在"磨"中生变。

(一)问题驱动,确立观测量表

课堂提问是否营造了良好的课堂氛围?是否让所有学生都参与其中?是否有利于学生思维的发展?是否促进了学生表达能力的提高?是否实现了师生良好的互动?是否有利于教学目标的达成?干部、教师带着对这些问题的思索确立了《"悦动课堂"优质提问"三环六度"观测量表》。

一是从教师提问环节入手,通过观察提问的指向度、层次度、创新度,评价教师问题设置的价值,研究教师提问的水平、种类和数量,形成激发学生思考的有效问题体系。

二是从学生回答环节入手,通过观察学生回答的参与度,评价学生回答问题的水平,研究回答设置的时间、形式与内容,提升学生的言语实践和思维表达水平。

三是从教师理答环节入手,通过观察教师的指导度,评价教师理答设置的丰富程度,研究教师理答的评价、补充、引导、追问策略,提升教师提问的发现力、建构力、解决力、反思力。

最后考量整节课的问题推进程度,评价教师提问的目标达成度。

(二)补充关键知识,共享教育智慧

研究是一个问题不断生成和解决的过程,研究中的学习至关重要。学校坚持每周一学科教研、每周四校本培训、每月"睿师汇"个性化培训、区域学科教研及各类培训,让教师补充关键知识。学校通过名师工作室,发挥学科能手的示范、引领作用;通过"品·智"团队关于优质提问的交流会,激发教师寻找关于优质提问的优秀资料和教育书籍,让教师共享书本和网络中的教育智慧。

(三)实践突破,创建问题体系

学校以课例为载体,通过"三备"(自备、集备、修备)和"两上两评"(上完即评,改完再上、再评),引导教师关注提问的四个阶段(引入—陈述—介入—评价),提升提问的四个技巧(转移—启发—追问—等待)。基于优质提问的课堂观察是其中的关键环节。

1. 规范课堂观察流程,确保项目式教研的科学性

一是召开课前会议,由授课教师介绍本节课的课堂提问预设及设计意图,项目组全体成员认真记录,以备课堂观察时进行参考和比较。学科干部全面培训观察点分表和总表的使用方法,并做出分工。

二是展开课堂观察。课上,项目组全体成员领取课堂提问有效性的观察点相关量表。项目组教师根据分工详细记录授课教师的提问环节并做出初步的分析和判断。课下,项目组教师根据课堂录像完善之前的课堂观察量表并统计归纳。

三是召开课后会议。项目组教师根据分工汇报课堂观察的量化统计,并根据统计情况发表个人小结和观察反思。执教教师根据大家的分析和讨论修改、完善之前的教学设

计,准备第二次执教。

四是进行观察点的总结和综合分析评价。利用各个观察点的量化统计情况,由观察组长将各观察点的统计结果和观察小结进行综合,全面考量优质提问"三环六度"的达成情况。

2.聚焦提问"三环六度",确保项目式教研的深度

经过课堂观察和微格分析,各项目组在深度共研中不断优化提问的策略。一是在教师提问的环节,以数学学科为例,在量表的辅助下,教师提问的指向逐渐清晰,问题的设置从偏识记逐渐转向偏理解和应用,问题隐含的创新度在不断增强。二是在教师理答和学生回答的环节,以英语学科为例,在量表的辅助下,教师由单纯的表扬、欣赏转向大量的思路引导和追问生成,和学生一起经历了不断修正、完善问题答案的过程,言语表达水平和思维水平得到了"看得见"的发展。三是教师依据教学目标,在问题的设计上凸显核心问题,减少提问的频次,形成了有价值的问题体系,让目标达成度越来越高。例如,"识字、写字环节"基于学生学情,鼓励学生自主识字、猜字、互相评价,培养学生的识字能力;"品读文本环节"聚焦核心问题,依据学生的交流情况设置追问,鼓励学生合作、探究、交流,提高其阅读能力;"表达创作环节"让学生尝试运用课堂习得的写法,续写文本,进一步拓展了能力。

(四)评估进阶,赢在问题研究

学校各学科项目团队通过深钻教材,精心设置问题,把握课堂提问的启发点,激发学生的求知欲;通过优化课堂提问的思路,形成有效的问题体系;通过架构问题的链条,当好课堂气氛的调控者,营造了良好的解决问题氛围。在研究教师提问的同时,学校还启动了对学生提问的研究,通过提高学生提问的频次、层次和质量,关注提问的认同度、协同度和创新度,培养学生敢提问、能提问、会提问的学习素养。

学校建立教师发展性评价手册,通过对"悦动课堂"优质提问的研究,提升教师的教学素养,实现青年教师的成长进阶、骨干教师的成熟进阶,打造一支善发现、能研究、会上课的"悦动"之师。各项目团队推出了2～3节比较成熟的提问教学课例,总结了操作的有效路径,形成了关于优质提问的研究报告。后期学校将举行"聚焦优质提问,提升悦动指数"教学研究会,全面展示、总结和表彰各学科研究的成果。总之,项目式教研激发了教师的教育智慧,课堂观念不断转变,课堂效果不断增强。学校陆续推出各级"悦动"课堂23节,多学科承办市、区级研讨会。

恒者行远,思者常新。以"悦动"为基础,探索技术向度和人文向度最佳的融合点,提升课堂教育的"品·智",是大学路小学始终努力的方向。

让读书成为我们终生的习惯

平度经济开发区厦门路小学

腹有诗书气自华。读书使人睿智,使人聪慧。我校历来重视师生阅读素养的提高,"书香溢满校园,经典点亮人生"是我校的办学特色。我校紧紧围绕这一办学特色,开展了系列工作。

一、环境创设

首先是氛围营造:理念大厅、文化长廊、雅致的漂流站、随处可见的图书架、班级图书角、班级展板、国学欣赏栏让读书的氛围无处不在;其次,我校规范图书室管理,让 4 万册好书下架漂流,充实到各个角落的图书架、漂流站。

如此,课间楼道中的吵闹声小了,乱跑的身影不见了,随处可见的是坐着的、靠着的沉浸在书海中的一个个可爱的身影。

二、家校联动

我校通过发放《致家长的一封信》《亲子共读倡议书》和开家长会等形式与家长沟通、交流,让其认识到读书的重要性,参与到孩子的读书活动中来。

(1)我校鼓励家长为孩子购买一定量的图书。

(2)各班级每天布置读书作业,其中包括亲子阅读的任务。

(3)各位家长加入班级阅读群,由语文教师引领,督促孩子练习口头表达与交流。

(4)家长撰写读书心得、亲子日记,发到班级群里共享,起到对其他家长参与孩子的读书活动的推动、引领作用。

(5)家委会策划"爸爸读书接力"等读书活动。家长的参与极大地提高了孩子阅读的兴趣,增加了他们的阅读量。

为了保证学生、家长有足够的时间进行阅读,我校安排级部长审批作业布置,教导处不定时抽查,严格控制学生的作业量。在读书监督方面,我校在家长的配合下充分利用积分制激发学生的阅读兴趣,保证阅读的有效性和持续性。倡导每一个家庭每天关闭电视一小时,亲子共享阅读快乐时光。

三、师生互动

陪伴是最长情的告白。

(1)每天老师陪学生一起晨读。学校要求早班老师 7:30 到校,和陆续来的学生一起朗读。那此起彼伏的声音是校园里最动听的乐章。

(2)在每晚的定时微信群读书交流活动中,老师陪学生一起读。一句到位的点评、一句温暖的鼓励,都是学生读书的动力。

（3）每天课前3～5分钟的"我说你听——读书交流时光"，是学生展示自己的好机会。老师的点评与鼓励是学生最喜欢的话语。

老师的阅读是一剂催化剂，让学生更加喜欢阅读。每周老师会拿出一节课和学生详细交流同读的那本书，赏析精彩片段，分析人物，学生有时欢呼雀跃，有时潸然泪下。这既是一种带动，又是一种促进。

四、上好阅读课

每周开设一节课外阅读指导课，各班的语文老师利用阅读课，上好好书推介课，进一步激发学生阅读的兴趣；上好读书指导课，教会学生一些基本的阅读方法；上好汇报课，及时总结阅读成果。为了让语文老师上好阅读课，每一学期，我校都会举行这几种课型的教研活动，让语文老师通过听评课交流、学习、总结经验，完善自己的阅读课教学。

五、课外延伸

课外拓展与整本书阅读相结合。每一篇课文都是精选，但课文只是一个媒介，我们要借助这个媒介培育学生的一个大语文观。老师要指导学生课前查阅与本课有关的知识点，还要让其课内延伸阅读，比如，在学生学习了《装满口袋的昆虫》之后引导学生去读法布尔的《昆虫记》。这一做法对所有语文老师来说已是习惯。

六、活动促进

1. 教师层面

在教师层面，我校每个学期举行"六个一"活动：一次读书征文大赛、一次下水文大赛、一次读书演讲活动、一次读书沙龙（以办公室为单位）、一次读书笔记展评、一次"我的读书故事"分享会。在每一年的师德建设月、教师节表彰大会颁奖，设个人奖、集体奖（读书沙龙以办公室为单位表彰）。

2. 家长层面

在家长层面，我校每学期举行"三个一"活动：一次亲子阅读征文，一次"我的家教小故事"征文大赛，一次亲子互动（低年级绘本表演、中年级课本剧、高年级阅读故事情景表演）。我校对征文评选一、二、三等奖，评选"书香家庭"，在每年的家长节上表彰。

3. 学生层面

在学生层面，我校每学期举行"六个一"活动：一次征文（低年级为看图写话、中年级为写片段、高年级为习作），一次读书演讲活动，一次读书辩论赛，一次阅读达标（低年级古诗文诵读、中年级阅读知识大赛、高年级阅读知识抢答赛），一次读书笔记展评，一次书签制作大赛。所有活动先举行班级赛，然后举行级部赛，最终举行校级赛，这样层层选拔，让所有学生都有机会参与。每个层面都设奖项，以此鼓励学生参与。

七、机制激励

（1）建立读书活动的长效机制，从人员管理、队伍建设、时间保证、资源保障、评价跟进入手,从制度上保障活动有效开展。

(2)把读书纳入三好学生、优秀学生评选内容。

(3)把读书活动情况的开展纳入学校对教师年终绩效的考核中。

(4)在每年 3 月"师德建设月表彰大会"表彰读书活动先进集体和先进个人。

(5)每年评选"书香班级""书香家庭",在家长节上隆重表彰。

现在的厦门路小学,教师和学生酷爱读书,形成了师生竞读、家庭亲子竞读等浓郁的读书氛围。20 余名学生在"七彩作文"征文中获国家级一、二、三等奖;多名学生在市级"金秋作文"大赛中获得一、二等奖。我校的读书活动赢得了市领导的好评,并成为全市学校学习的榜样。

岁月如歌声声远,事业如棋局局新。厦小人将一如既往脚踏实地地开展好读书活动,让读书成为学生一生的习惯。

案例56

用积分推动班级阅读教学

平度经济开发区厦门路小学

积分这一新的教育思路和方法,成了笔者在教育教学工作中的亮点。笔者大胆在班级实行积分管理,收到了意想不到的效果,在调动学生阅读方面更是效果显著,学生不断突破自我,超越自我,爱上阅读……

一、积分促进阅读习惯的培养

著名教育学家苏霍姆林斯基说过:"根据 30 年的经验,我确信学生的智力取决于良好的阅读习惯。"良好的阅读习惯是培养阅读能力的基础。现在很多学生就是因为没有形成良好的阅读习惯,所以阅读面狭窄,阅读的兴致低落。笔者在教学过程中,选择语言质朴生动、内容引人入胜的读物给学生。学生每读完一本,就会获得一张积分卡,积分达到 10 分,可以升级成为阅读小达人。这大大激发了学生阅读的兴趣,增强了学生阅读的信心。

二、积分助力阅读氛围的创设

每天,笔者利用早读时间,让学生用自己喜欢的方式用心自由阅读,根据学生的阅读情况发放积分卡。每节早读笔者都会安排学生推荐一篇佳作,并陈述推荐理由。这是早读最令学生期盼的时刻。即使在课堂上,笔者也尽可能让学生多阅读,营造宽松的教学环境,给学生充分的阅读时间,让学生正确地读课文,读出感觉,读出味道,读出情趣。笔者会及时发放一张积分卡对学生给予肯定。学生只有主动、自由地阅读,才能形成自己独特的阅读感受。

三、积分培养阅读的方法

首先，要想读懂文章要先审文章题目。文章题目在读懂文章的过程中起关键作用，它往往是文章中心的集中表现，或者是一条线索。其次，理清文章的层次可帮助我们掌握文章的脉络。阅读一篇文章，先明白文章叙述、描写或说明的对象，再看围绕这一对象分几个方面来写，即文章层次。再次，阅读时要注重阅读速度。阅读分浏览式的快速阅读和字斟句酌的研究式阅读。快速阅读要求能尽量在短时间内完成，在对内容的把握上要求能了解文章大意。字斟句酌的研究式阅读要求对课文内容理解比较透彻。当然，这些阅读的方法都离不开适时的积分奖励。

四、积分改进阅读手段

在小学阅读教学中，一般以小组为单位进行积分奖励。笔者常常营造氛围，把学生分成几组，让学生小组合作，进入教学情境。然后，整合文字、声音、图片、视频等以辅助语文阅读教学，在吃透教材、理解文本、了解学情的基础上设计适合教学对象、切合教学内容的课件。

在传统的语文教学模式中，教师往往特别强调对课本上文章的精讲精读，结果使学生的阅读视野变得狭窄，对阅读失去热情。笔者运用积分，把学生的阅读视野引向课外，引向一个更广阔的空间，鼓励学生读有益的书和各种报刊，鼓励学生在网上阅读，让他们在阅读中获取丰富的精神养料，受到情感的熏陶，获得思想的启迪，享受审美的乐趣，从而提高听、说、读、写的综合能力，进而提高语文素养。

案例57

运用迁移规律提高小学数学教学效率

平度经济开发区厦门路小学

迁移是一种学习对另一种学习的影响。《数学课程标准》中指出："数学教学活动必须建立在学生的认知发展水平和已有的知识经验的基础上。""教师应帮助他们掌握基本的数学知识与技能、数学思想和方法，获得广泛的数学活动经验。"学生已有的知识经验对新知识的学习有正迁移或负迁移的作用，从义务教育的目标着眼，我们所期望的是一种学习对另一种学习的促进影响（正迁移）。学习的正迁移量越大，说明学生通过学习所产生的适应新的学习情境或解决问题的能力越强，教学效果就越好。数学是一门逻辑性较强的学科，它的知识系统性强，前面的知识是后面知识的基础，后面的知识是前面知识的延伸和发展。教师就要挖掘种种联系，指导学生把已知迁移到未知中去，把新知识同化到旧知识中来，让学生从已获得的判断中进行推理，再获得新的判断，从而扩展学生的知识结构。那么，在小学数学课堂教学过程中，应该怎样教学生应用学习迁移规律呢？

一、举一反三,引导示范

《数学课程标准》指出:"数学教学,要紧密联系学生的生活实际,从学生的经验和已有的知识出发,创设生动有趣的情境。"在课堂教学中,教师注重学生已有的生活经验和知识,引导学生全身心地投入数学学习活动中。学生通过看一看、想一想、说一说等一系列活动,获取学习数学的经验,成为数学学习活动中的探索者、发现者、创造者。

例如,在教小学四年级数学(下册)的四则混合运算这一部分的知识时,教师先以发生在学生身边的例子为铺垫,设计这节课的教学。在导入新课时,教师先提问:"同学们,假如你在马路上行走,突然对面有一位老年人直直地向你走过来。你应该怎么做?"这时,有的学生回答:"当然是我们给老年人让路。"教师接着再引导:"同学们,今天我们学习的四则混合运算的计算方法跟你们在路上行走时,给老年人让路一样。如果把青少年比作加减法,把老年人比作乘除法。那我们在计算一道既有加减法、又有乘除法的算式时,应该怎样算?"学生通过这个比喻立刻明白了,马上回答:"在一道算式里既有加减法,又有乘除法,就先算乘除法,后算加减法。"教师知道学生已经掌握了不带括号的四则运算式子的计算方法,接着引导学生学习带有括号的计算方法,可以提问:"如果青少年是个警察,正在执行特殊任务,那么该是谁让路?"学生回答:"当然是老人给让路了。"教师接着再引导学生把老人给在执行特殊任务的警察让路的生活例子,迁移到学习计算带有括号的四则混合运算的式子中去。学生很快就明白了带有括号的四则混合运算的运算顺序。

二、分析学生认知结构,组建新知识"固定点"

认知结构就是学生头脑里的知识结构。"固定点"就是认知结构中处于较高抽象、概括水平的起固定作用的观念。如果学生原有的认知结构里没有适当的起固定作用的观念可以用来同化新知识,那么,学生的学习就是机械的学习。更确切地说,如果认知结构中只有一些肤浅的、不完全适合的观念可以用来同化新知识,那么就将出现并列结合的同化。其结果是新知识不能有效地被固定在认知结构中,从而引起不稳定的和含糊的定义,并导致迅速遗忘。有时在学生的认知结构中,已有起固定作用的观念,但自身不能充分利用,结果也会出现机械学习。因此,教师要在准备每一节课时,在认真钻研教材的基础上,通过谈话、测试、作业分析等,了解学生的认知结构,认真分析学生学习新知识所需"固定点",然后一方面可以采取课前适时地回授,唤起学生回忆,实现知识的正迁移;另一方面,可在新课的检查学习阶段,有针对性地介绍一些与学习材料相关联的引导性材料,充当新、旧知识的认知桥梁,使学习目标变得清楚明了。如教学"除数是小数的除法"时,"商不变的性质""小数点位置的移动引起小数大小的变化""除数是整数的除法的计算方法"是学生认知结构中新知识的"固定点"。课上可先让学生计算除数是整数的除法,帮助学生复习整数除法的计算步骤和试商方法,着重理解"除到被除数的哪一位,就在哪一位上写商"这句话的含义,从而使学生在学习新知识时更好地理解"商的小数点要和被除数的小数点对齐"的道理,促进学习的迁移。

三、研究教材知识体系,牢牢把握"迁移点"

"迁移点"就是知识之间的连接点和新旧知识的生长点。学生在学习时,只有清晰地分辨新旧观念的联系,才能增强分离强度,从而使新知识纳入旧知识中去,形成新的认知结构。因此教师在备课时,不仅要研究好每一课的新知识与原有知识的联系,还要善于从教材整体角度出发,充分考虑每个单元、每个例题在教材中所占的地位,尤其是在后续知识中的位置,以便有的放矢地"超前"教育。例如,学习了"长方体和正方体的体积"以后,教师及时引导学生将长方体和正方体的体积进一步概括成"底面积×高",这样不仅可以减轻学生的记忆负担,还可为学习圆柱体体积计算做好迁移的准备。实际问题教学中,一步和两步实际问题,正叙与逆推问题均有这种"迁移点"存在。可见,在教学中,抓住知识的内在联系,适当点拨,对旧知识的深入理解不仅为迁移奠定了知识基础,还创造了学习后续知识的思维条件,从而起到了事半功倍的效果。

四、改进教学方法,促进学生主动迁移

传统的迁移理论"概括说"指出,迁移与教学方法有着密切的联系,即同样的教材、内容,由于教学方法不同,教学效果不同,迁移的效应也大不相同。在教学中,笔者通过以下教学方法,强化学生的迁移意识,促进学生主动迁移。

1. 联系生活背景,促进主动迁移

荷兰数学教育家弗莱登塔尔提出"数学现实"的教学原则,即数学来源于现实,扎根于现实,应用于现实。学生认识事物的规律是以周围世界的形象的表象为支柱的。教学中,教师有目的地创设情境,借助生活中的有关实际经验来培植出迁移的知识基础和思维条件。如教学"小数加减法"时,教师安排学生课前去超市调查各种商品的价格,课上利用搜集的数据编题,组织小组合作探究,探寻小数加减法的计算方法。又如,学习"和差"时,教师拿7个苹果,要分给2名学生,其中1名学生要多分到1个苹果,请学生动手分一分。学生分的时候有各种分法。教师从中找到与"和差"问题直接相关的方法,给予引导和提倡,"可以先将要多给的1个苹果拿出来,给1位同学,而后再平均分成两份。多拿1个的同学得到的是两部分,一部分是先得到的1个,另一部分是两个人各得到的同样的那一份。"当学生可以自如地按要求叙述分配方法时,再出示"和差"问题,学生就已经具备了迁移的思维条件。结合学生的生活经验和已有知识,使数学与学生的生活贴近,这样学生不仅增进了对数学的理解,增强了应用数学的信心,还在迁移中掌握了学习数学的方法,提高了数学能力。

2. 发现知识的共同规律,促进主动迁移

教师引导学生充分观察、讨论,发现新、旧知识的共性,展开主动的探索活动,促进学生主动迁移,以达到从已知到未知的目的。如教学"三位数乘法"时,与"两位数乘法"比较,计算方法基本相同,知识扩展到用第二个因数百位上的数和第一个因数相乘。教

师在教学时就可以抓住它们之间的共同规律,先复习两位数乘法的算理和算法,然后在百位上加一个数字,即 314×22 → 314×222,让学生将两式对比,指出计算上的异同,且边计算边找规律,最后总结出三位数乘法的方法。

3. 运用知识的沟通转化,促进主动迁移

数学知识之间有着紧密的内在联系,许多新知识在一定条件下可以转化为旧知识去认识和理解。如教学"长方形、正方形的面积"时,当学生掌握长方形面积的计算方法后,教师可以利用课件演示让学生进行长方形面积的计算,即长方形宽 3 米不变,长由 6 米依次变为 5 米、4 米、3 米,当长方形的长、宽都是 3 米时,问:"长、宽相等,这是什么图形?你已经计算出了它的面积,想一想,正方形的面积应该怎样计算?"如此,学生可以顺利地实现由长方形面积到正方形面积的主动迁移。这种知识的沟通转化能使学生容易理解新知识的联系与发展,又容易调动起学生的学习情趣和探索新知识的积极情感。此外,教学活动中的各种练习,是学生应用知识的重要形式。这种知识的应用同知识、能力的迁移有着密切的关系。有些心理学家把知识的应用看作知识的再迁移。所以,练习的设计要有针对性、阶梯性、启发性、渗透性,并加强"变式""反例""对比"训练,可防止思想僵化,也能有效地促进迁移。

总之,在小学数学教学中,有效运用迁移规律,既符合学生学习的心理特点和认知规律,有助于形成完整的认知结构,又能发展学生的能力,培养迁移意识和习惯,可以全面提高学生的数学素质。

课程体系变革篇

案例58

创新校本课程管理,拓展学生成长空间

青岛北山二路小学

怎样将课堂推向改革的深水区呢?必须依托课程。多一门课程,学生会多一个选择,多一个发展的空间和平台。从儿童的视角,从儿童未来发展需求入手,去整体建构校本课程体系,显得尤为重要。

我校因地制宜,结合实际,做好校本课程体系建设的顶层设计,在研究实践层面,既实行国家课程校本化,又借力教师的优势资源,打造了独具特色的校本课程;在教育效果层面,以"课程大集""课程节"等方式为师生发展搭建舞台。我校通过实施校本课程彰显教育追求,丰富学校的文化内涵,让课程文化引领学校特色发展。

一、高站位——校本课程顶层设计的前瞻性

我校从教育实际出发,规划了校本课程建设的顶层设计思路——"三环双动"校本课程组织实施模式。"三环"即国家课程校本化普及环、走班选课个性环、精品社团品质环;"双动"即师生互动、家校互动,自上而下推进运动、科技、传统文化、实践、艺术、情商六大领域的校本课程,让校本课程成为学生全面发展的内驱力。

(一)课程规划前瞻性

校长亲自引领干部、教师解读校本课程体系建设的模式架构、实践目标,倡导开设内容多元的课程,以此培养学生的合作精神和动手、探究、创新等多方面能力,从而使校本课程彰显我校自身特色,满足学生多样化的兴趣和发展需求。

我校实施国家课程校本化,校本课程门类日趋丰富。在音乐、体育、美术国家课程中,融入校本特色项目教学,如音乐课开设合唱、街舞特色课程,体育课开设羽毛球、跆拳道特色课程、美术课开设手指画、树脂陶课程等,培养学生多元发展,也将此作为开展体育、艺术"2+1"项目活动的创新举措。我校充分发挥教师优势,利用家长资源,构建"1+1"双轨并行的课程模式,把原有校本课程5门增设到33门,实现一班一特色。

(二)管理实施联动化

在校本课程内容的设置上,外聘的课程专家、教师、学生、家长四方联动,为学生提供拓宽视野、提升能力的课程。每学年我校均会举行校本课程推介会,教师、学生纷纷走上讲台推介校本课程,在三至六年级中推行教师和学生"双项选择"的走班制,以此将"走班式授课"落到实处。

(三)课程评价多元化

评价内容多元化。校本课程评价内容涵盖出勤率、听讲质量、课程作品完成度、小组合作等多方面。所有过程性评价记录在"果然缤纷CC卡"中的"课程卡"中。我校在

每学期末评选"课程小达人",以此激励学生更兴趣盎然地参与课程。

评价主体多元化。每一门课程的评价有学生自评、同学互评、教师评价、家长评价等形式,学校层面也搭建展示评价的舞台:每学期举行课程节,在每年"六一"举行课程大集,为学生搭建张扬个性与展现风采的舞台。

二、广实践——校本课程规划管理的全面性

在课程实施的过程中,我校秉承"国家课程校本化,校本课程个性化"的规划策略,切实提高国家课程实施水平,拓展校本课程研发空间,将已有的30余门课程划分为六大类型,以此确保课程开发与实践立足学生需求、师生发展、办学特色。

(一)以运动健体魄——体育课程类型

我校开设羽毛球、排球、篮球课程。我校还外聘专业教练为学生开设啦啦操、跆拳道、围棋、国际象棋等特色体育课程。我校根据学生的年龄,分年级整合体育课,以解决国家课程中"重视学生个性不足"的问题,提高了学生全面发展的可能性。

(二)以科技健思维——科技课程类型

科学素养的培养应从娃娃抓起。我校不仅举行"小爱迪生科技节",还将活动课程化,设立了OM头脑奥赛、爱迪生科技、纸膜世界、3D拼插等科技课程,以此开阔学生的眼界、拓展学生的思维。

(三)以传统育素质——优秀传统文化课程类型

学校在传授先进知识、技能的同时,要弘扬传统文化,传承民族精神,将传统文化融入现代素质教育中,因而我校开设茶艺、老游戏、软笔书法、硬笔书法等多门课程,充分开发、利用民族文化的丰厚资源,提升学生的核心素养。

(四)以实践养心性——实践课程类型

为全面发展学生的素质,满足学生成长的需要,我校为学生开设了衍纸艺术、七巧板世界、微景观设计、奇"丝"妙"香"等多项动手实践类课程,培养学生的创新精神和终身学习的能力,为学生的知识、生活、技能的整合建立了课程平台,为学生综合素质的提高提供了可能。

(五)以艺术育气质——艺术课程类型

"面向全体学生,人人享有艺术"一直是我校在艺术教育方面执着追求的目标。借力国家课程校本化的全员普及和精品课程的打造,我校在艺术方面开设健美操、街舞、拉丁舞、合唱、数字油画、树脂陶、手指印画、葫芦丝等课程,提升学生的艺术气质。

(六)以生活育情商——情商课程类型

我校以"情智教育"为办学特色。为了进一步凸显对学生"情智教育"中"情商"的教育,我校结合学生的年龄特点,从校园、生活中的实际问题(如"地上有纸屑,怎么办?""我的意见不被人采纳,怎么办?")入手,以此开设财商课程、心灵课程、牛顿情商

课程、情智农场秘密多课程、西餐礼仪课程、校园礼仪课程、化妆礼仪课程,进一步助推我校的"情智教育"。

以上六大类型课程的开设,实现了校本课程规划管理的全面性,进一步促使我校教育从课堂教学改革落实到课程的改革,打破其传统、单一、统一的授课模式,为张扬学生的个性、满足学生及学校多元化发展的需求奠定坚实的基础。

三、深整合——校本课程研发实践的多元性

我校坚持校本课程开发,注重资源整合,使校本课程开发具有多元性,为学生提供广阔的学习空间,达到资源共享、资源优化的目的。

(一)整合校外资源,打造多元授课团队

我校构建以家长资源、社区资源、共建单位资源为依托的课程资源体系,打破传统的校内教师教学的现状,为校本课程组建更多元的授课团队,发挥"术业有专攻"的优势,使其深入课堂、共同参与校本课程,为学生素质的提升、学校的长足发展助力。

(二)整合校园活动,促使活动课程化

为了给学生一个有志、有爱、有梦、有趣的童年,我校打造了丰富多彩的"情智校园十二文化节",并深化活动内涵,将一些节日活动升级为课程。我校升级"大嘴巴英语节"为各年级英语的系列课程,升级"小爱迪生科技节"为各年级系列科技课程,如树脂陶课程、乐高课程、小牛顿课程等。"农场采摘节"深受全校师生的喜爱,我校对其进一步升级管理,为学生提供与自然亲近的空间,同时将活动引入课堂,开设"情智农场秘密多"等课程。

(三)整合社会实践,拓展课程空间

我校将社会实践作为校本课程的有益补充,在完成既定课程教学的基础上,针对青岛市地域特点,将丰富多彩的社会实践纳入课程。我校加强社区社会实践基地建设,构建社会实践大平台。学习实践基地近到海云庵民俗馆、青岛发电厂、敬老院、污水处理厂;远到中国海洋大学、青岛规划馆等。我校巧借社会实践的契机,将"生活化课程"纳入校本课程体系中来。

四、精品质——校本课程下学生的变化

各类课程的引入,极大地丰富了学生的学业生活,让学生在校园中找到了自己热爱且适合的课程。每天穿梭于不同的教室去上课的学生,情智互促,自主灵动,已经成为北山课堂一道靓丽的风景线。

每年我校以课程节为契机,将情智教育理念引领下的素质教育课程改革成果进行全方位展示。合唱、舞蹈、葫芦丝、拉丁舞、非洲鼓、戏剧等精品社团轮番登场,展示精品课程成果,让越来越多的家长感受到学生的变化、学校的发展。

校本课程改革之路并不平坦,有鲜花,也有荆棘,但我们在改革之路上走得无比扎

实和坚定。

一切从孩子出发，一切为了孩子。我校将立足实际，谋求校本课程的新突破，坚持走特色发展和内涵发展之路。我们希望通过这样的校本课程改革，让孩子一生受益，真正为孩子的生命成长奠基！

案例59

浸润·推动·传承
——优秀传统文化进校园
青岛北山二路小学

中华传统文化底蕴深厚、博大精深，是中华民族的血脉、灵魂和根基。青少年学生的价值取向代表着国家的未来，从小打下深厚的中华文化根底，关系到文化自觉和文化自信的形成，关系到国家文化现代化建设目标的实现和中华文化对世界文明的贡献。

近几年学校致力于弘扬优秀传统文化，增强学生的民族自豪感，在学校课程、校园活动、社会实践等方面做了很多扎实而富有创新性的工作。

一、浸润——优秀传统文化进课程，打牢民族血脉根基

由学校干部和教师、青岛大学博士、教育专家组成的课程小组静心研讨，讨论了以下问题：国家课程中的传统文化课程如何落实和深化？每门传统文化的拓展课程如何开设？开设的依据是什么？它与国家、学校课程方案中设置的哪些课程之间有着怎样的关系？课程在内容上有无重复叠加？课程是否在学生发展中起着一定的不可替代的作用？

基于学生核心素养的发展需要，学校站在"小先生特色"整体育人的高度上，重构课程体系新样态，在"小先生特色"统领下，将学校教育教学活动课程化。如何在课程领域落实传统文化的浸润呢？

1. 传统文化国家课程校本化，提高学生学习"效度"

学校传统文化教研组对6册教材《传统文化》从教学目标、教学内容等方面进行全面的梳理。

问题一：6册《传统文化》内容上与音乐、美术、品德、语文课重合较多。

解决策略：先做减法。学校从"横向、纵向、时空"三个维度整合传统文化教学的内容。横向融合包括"传统教材与相关文学资源""传统文化课与学科跨学科"的横向整合。例如，五年级语文课《司马迁发愤写〈史记〉》与传统文化《司马迁》整合，语文课《泉城》与传统文化课《泉城济南》《明泉之冠——趵突泉》整合，四年级传统文化课《长江之歌》与语文课《长江之歌》及相关音乐课整合。纵向融合包括同一册教材内容本身、跨学段传统文化教材之间的纵向整合。时空融合包括闲暇时间师生活动和背美文、颂诗

词活动的整合。

问题二:6册《传统文化》主要从"经典驿站""名人长廊""名胜佳境""艺术乐园"四方面展开教学,较少涉及其他优秀传统文化。

解决策略:再做加法。学校通过合理的结构搭配,抓好国家课程的创造性实施,进而解决"加什么"。依托学生核心素养的培养,我们构建了"传统文化课程群",为学生提升"传统体育与艺术""传统技艺""传统科技""人文传统"四方面传统文化素养。例如,在语文学科课时里隔周加进一节经典阅读课,严格落实每周书法课的学习。在音乐、体育、美术国家课程中,结合学生发展需要融入木板年画、足球、武术等课程,做到根据学生个性发展的需求,实施国家课程校本化。

2. 做精传统文化拓展课程,积淀学生学习"厚度"

学校将校内外资源都调动起来,开设课程"小先生自主课程日",并在"传统文化课程群"的"传统体育与艺术""传统技艺""传统科技""人文传统"四方面继续进行课程的深化。例如,教材中《山海经》的内容只有两课时,而低年级的学生对神话故事充满好奇,学校根据学生年龄特点和需求,在"人文传统"方面专门开设"遨游《山海经》"。除此之外,学校在其他方面还开设"雷夫趣科学——走进传统科学""翰墨飘香""国学经典诵读""嗡嗡铮铮闹空竹""竹竿舞""葫芦丝""老青岛探秘"等课程,通过系统性传统文化课程的规划,进一步对国家课程和地方课程进行深化和补充,促使学生领略博大精深的中华文化和民族精神,不断实现文化创新。

3. 打造"小先生特色课程",拓展传统文化学习"力度"

在青岛大学博士团等专家的引领下,学校打造"小先生讲堂""小先生沙龙""小先生三级培养"三大"小先生特色课程",让学生真正成为课程的开发者,成为课程建设的小主人,更成为课堂的主角。

(1)"小先生讲堂"——八仙过海,各显神通。学校立足挖掘和弘扬传统文化,探索传统文化教学与学科间的融合,积极打造学生自主开发、讲授的生本课程——"小先生微讲堂"。学校将百家讲坛的模式搬进了学生大课堂,开设了"童言童语三字经""茶韵飘香""穿越千年,寻找霸主""文雨相声社""大话西游""马勺面具""丽江鼓""箱鼓遇上民乐"等生本课程。

(2)"小先生沙龙"——演讲与口才的实练场。儿童的未来关乎世界的未来。为了更好地锻炼和成就其领导力、思考力和执行力,为他们将来步入社会做准备,学校借鉴TED演讲,开设"小先生沙龙"。从前期策划选题到过程组织,都由学生自主参与、自主管理。学生在活动中学会自我规划、全局统筹,参与的积极性和热情空前高涨。

(3)"小先生三级培养"——小先生梯队不断升级。学校构建了"岗位小先生""角色小先生""助教小先生"三级培养梯度,满足学有余力的学生的发展,让学生在不断成功中张开自信的翅膀。在各科课堂中形成了40余个"N+1"不同的"小先生"角色。"N"代表不同学科,不同学科不同对待,如地校学科推出"朗读小先生""资料小先生""表演小先生"等;"1"代表每节课固定环节的"小先生"角色,如"姿势提醒小先生""板书总结小先生"等,这些都是所有学科每节课的必有环节。

二、推动——优秀传统文化进校园活动,树立中华文化自信

传统文化不仅融入课程,走进课堂,还依托展示推动、竞赛推动、仪式推动、活动推动体现在校园活动的方方面面。

1. 展示推动

每年学校举办"炫彩课程节",先后展示"葫芦丝""竹竿舞""空竹""古筝"等传统文化课程,全面总结学生一学年的学习成果;儿童节,学校在青岛市雕塑馆为学生隆重举办"爱分享,艺无界"创意艺术展,用艺术来传递新的生活美学;9月,借校庆举办课程成果展,经典诵读、葫芦丝演奏、书法、绘画及传统手工艺作品展示,展现了学生的童真童趣以及学校丰硕的传统文化教育成果。

2. 竞赛推动

学校定期举办"学国学、诵经典、传美德""翰墨飘香书法小达人""诗词大会""红红火火中国年·传统文化进校园"等竞赛评比活动,以竞赛推动学生对传统文化传承的热情。

3. 仪式推动

每年一年级新生入校举行"开笔礼",开启传统文化的研习之路。

4. 活动推动

每年"非遗活动讲校园",为学生引入中华优秀传统文化教育,带来画葫芦、泥老虎、马勺面具、脸谱、团扇等文化艺术。运动会入场式上开展"最炫民族风"传统文化主题班级展演,以活动加强学生中华优秀传统文化教育,引导学生更加全面、准确地认识中华民族的历史传统。

三、传承——优秀传统文化进家庭、社会实践,构建校内外有效连接

1. 整合校外资源,打造"多元授课"传承经典

学校构建以家长资源、社区资源、共建单位资源为依托的课程资源,突破传统的校内教师教学的现状,为传统文化的传承搭建更多元的授课团队。学校继续深化落实"传统文化课程群",利用家长及社区资源为学生开展"中医针灸""中药识别""活字印刷""剪纸""纸戏""风筝"等课程,发挥"术业有专攻"的优势,为学生传统文化素质提升、学校长足发展助力。

2. 整合社会实践,拓展课程空间传承经典

学校将多个社会实践基地纳入传统文化课程资源范畴,为学校的课程寻求更广阔的空间。近到去即墨非物质文化园、青岛传统文化活动基地、青岛汉画像砖博物馆、海云庵民俗馆参观学习,远到去西安、北京、香港游学,在文化寻根过程中学生充分学习与感受

优秀传统文化。

传统文化根植于课程文化,渗透于活动文化,展示于环境文化,体现于管理文化。我们期待在传统文化的浸润、推动、传承中,不断增强学生的民族自豪感,激发学生了解、感受、学习传统文化、国学精粹的热情,给学生打好生命的底色,成就每个学生独一无二的精彩!

案例⑥⓪

青岛为明学校小学部"小海鸥"课程体系建设

青岛为明学校

青岛为明学校小学部,依山傍水,环境优美,现代时尚,师资优良,设备先进,设施完善,厚德载物,谱写华章。学校立足精彩童年、精彩人生,让每一个孩子快乐学习、健康成长。

一、学校办学理念

(1)学校治校理念:对孩子的一生负责。

(2)学校教育观:创设适合学生发展的教育,激发学生的潜能。

(3)学校定位:国际化的中国学校。

(4)校风:优秀做人,成功做事,幸福生活。

(5)校训:求知和进取是人生最大的快乐。

(6)学风:每天进步一点点,进步就是优秀。

(7)教风:做学生喜欢和敬佩的老师,实施不被学生拒绝的教育。

二、学校培养目标

1. 学校的发展战略和目标

成为一所中国化、现代化、国际化的学校,即思想中国化、管理现代化、业务国际化的一流品牌学校。

学校要建设精品小学(精彩课程、精彩童年、精彩人生),优质初中(质量绝对领先、特色突出鲜明),多元高中(多元出口,让每一个学生都成功)。

2. 学校的育人目标

培养有中国灵魂、有世界眼光的现代人。

一个基础:以传统文化为基础。

"三高"特质:高分数、高素质、高品位。

四大特征:厚重、大气、高远、时尚。

八项核心素养:良好的精神气质、良好的习惯礼仪、良好的学业成绩、良好的阅读能力、良好的审美与表现能力、良好的身心素质、良好的体艺技能、良好的中英文表达能力。

"221"特长：2 项体育运动技能特长、2 项艺术特长、1 项学科或技能类特长。

三、学校文化特色

1. 学校的主打办学特色

培养学生良好的习惯和教养（81 个好习惯，32 个教养细节），激发、提高、保持学生的学习兴趣，构建课程多元、活动多彩、学生优秀的精品小学。

2. 学校的文化精神与价值观

做学生喜欢和敬佩的老师，实施不被学生拒绝的教育。

让优秀成为习惯，让奇迹变为现实。

四、课程开发原则

（1）校本化原则：符合本地特色、本校师生、本土文化。

（2）科学性原则：符合学生成长规律，符合学生心理、生理特点。

（3）回应性原则：与时俱进，领先一步。

（4）主从性原则：丰富多彩，门类广泛，有主打课程、拳头产品。

（5）全员性原则：全体教师、全体学生参与。

五、校本课程介绍

1. 校本课程的开发理念与名称解读

校本课程开发理念为"一箭双星"，即以哈佛思维训练为箭，以国家课程、校本课程为双星。

校本课程以"小海鸥"为课程命名，有青岛特色，表达了对青岛的挚爱之情；也希望为明学子如海鸥般身姿健美、英勇无畏、搏击长空。

2. 代表性课程介绍

（1）习惯礼仪："81 个好习惯"课程分 3 个板块（好习惯成就好品质、好习惯成就好身体、好习惯成就好学业），9 大方面（9 个做人好习惯、9 个礼貌好习惯、9 个劳动好习惯、9 个运动好习惯、9 个卫生好习惯、9 个饮食好习惯、9 个安全好习惯、9 个学习好习惯、9 个阅读好习惯）。学校在 6 年时间内进行循序渐进的螺旋式培养，让每一个学生毕业时都能养成做人、做事和生活等方面的良好习惯，同时落实"32 个有教养的细节"，让学生气质高雅、自信阳光、落落大方。

（2）国学启蒙：4 门主课程，即中华童铭、经诗美文、经典书法、民间工艺；4 门辅助课程，即中华武术、名曲名画欣赏、国粹体验（茶艺、心灵太极）、民族艺术（古琴）。经诗美文、中华童铭侧重于传播传统文化、培养传统美德、弘扬民族精神；经典书法、民间工艺，侧重于培养传统技能。各课程版块互相作用，相辅相成，构成了一个完整的国学启蒙课程体系。

（3）博物馆课程：学校开设博物馆课程，遵循学校规划、分段落实、家庭协助的原则，开阔学生的视野、丰富学生的内涵、提升学生的能力。

一至五年级学生参观的博物馆如下。一年级：青岛贝壳博物馆；二年级：青岛汉画像砖博物馆；三年级：诸城恐龙博物馆；四年级：青州博物馆；五年级：敦煌研究院。

（4）传统节日课程：学校针对春节、元宵节、清明节、端午节、中秋节、重阳节 6 个传统节日举行系列活动。活动涵盖文化、礼仪、风俗、艺术、讲座等内容。

（5）科技创新：STEM 项目有 18 个主题活动。该项目适用于校本课、兴趣课和活动课。

（6）国际理解：英语戏剧表演使用培生英语教育集团原版英语教材，每学期安排 3 个戏剧表演，每 6 个学生为一组，每个学生演 1 个角色。通过对话、表演、制作道具、制作背景音乐、戏剧展演等活动，让学生对英语更有兴趣，大胆交流，并进行跨学科的整合，让语言、艺术（表演、音乐、美术）、手工融合在一起，培养学生的表演能力以及跨学科的意识。

六、课程管理

1. 课程内容与活动安排

（1）根据课程主题和课时量，确定课程学习单元或活动安排。

（2）分析课程开发所需要的各种资源，要对课程实施的可行性进行充分论证和评估，积极争取社会及学生家长的广泛支持。

（3）课程内容的选择要以学情分析为基础，重点关注学生的年龄特点、文化基础、认知水平、理解能力，关注课程本身的趣味性、吸引力等，要贴近时代、社会与学生实际，防止过分知识化、概念化。在资源利用、素材选取、案例引用、事件介绍、史料引证等方面均要做到翔实、可靠，情境创设、资源整合要科学、合理。

2. 课程教学方案的编写说明

课程教学方案的编写有助于课程的实施，要从关注学生的学习兴趣出发，激发学生的学习主动性，关注活动和过程体验，引导学生发现问题、思考问题、自主探究问题和解决问题。教学方案在内容组织上强化活动设计和实践应用，尽量图文并茂、简明扼要、条理清晰、语言生动、情境动人。课程教学方案的编写是一个动态生成的过程，在课程实施中可以不断地补充、修改与完善。

七、课程评价与管理

1. 课程评价

（1）学生评价：对学生的学习评价牢牢坚持"立足过程、促进发展"的评价理念，坚持发展性、客观性、激励性等原则，重视学生的参与过程、学习过程、创新过程。评价主要从过程观察、成果展示、答辩评议、竞赛评比等方面来进行，同时结合学生自我评价、他人评价以及集体评价的意见，形成性评价与终结性评价相结合。

每学期中评价一次,每学期末评价一次,根据两次的评价对学生进行评定,评定结果分为 A、B、C、D 四个等级。

（2）课程评价:学校对课程的评价包括课程纲要评比、阶段成果展示、计划总结整理、教学设计检查、家长满意度调查,及时发现问题,及时修正。

每学期中评价一次,每学期末评价一次。学期中评价未达到要求的课程,在教务处的指导下进行整改或更换教师;学期末仍未达到要求的,取消课程开设。每学期、每学年学校对优秀课程做出奖励。

（3）教师评价:对教师的评价内容有课程纲要编写、教学设计检查、课堂教学常规、计划总结整理、阶段成果展示、辅导学生获奖、学生满意度、家长满意度等方面。

学校每月对教师进行评价,并计入月考核;每学期中进行一次阶段性评价,每学期末进行一次终结性评价。每学期末、每学年末对优秀教师进行表彰奖励,对没有达到要求的教师进行指导帮助。

2. 课程管理

课程由学校科研督导处管理。该部门负责课程的设计、研发、培训、监督、指导、评价等。课程管理要做到"七个化",即内容公开化、目标具体化、过程可视化、成果最大化、展示流程化、监督经常化、评价多元化。

（1）内容公开化:学校必修课程、选修课程的课程标准、教学计划面向家长公示。

（2）目标具体化:学校必修课程、选修课程的教学目标要可考察、可操作。

（3）过程可视化:选修课、必修课教师建立微信群,把每次的教学片段或成果发布到群内。

（4）成果最大化:充分利用学校的校园节日进行必修课、选修课的成果推介。

（5）展示流程化:在期中确定选修课、必修课的展示方案,并向家长公布流程。

（6）监督经常化:教导处要巡视检查必修课,抽查选修课。

（7）评价多元化:除了学部的评价外,学期末全体家长参与选修课并实地评价。

八、奖励机制与经费保障

校本特色课程开发是一项系统工程,需要投入大量的人力和物力作为保障。建立对教师的奖励机制,并提供充分的经费,是必不可少的。对于教师,我们设立了如下奖励机制。

（1）对参与"小海鸥"课程开发的教师给予适当经费补助。

（2）将"小海鸥"课程纳入小学部整体教学计划,对该课程的任课教师(必要时可以跨年级执教),学校将参照薪酬方案和绩效评价等规定纳入工作评价。

（3）学校将推进项目负责人制度,设立"学校课程建设创新奖",奖励在"小海鸥"课程建设和实施中做出贡献的优秀教职员工。

（4）学校将组织相关课程开发与实践的系列研培活动,进一步提升教师的课程意识与组织实施能力。

此外,我们鼓励教师广开视野,根据不同的主题课程,充分挖掘和利用有价值的课程资源,如信息资源、社会物质资源和人力资源,来编制形式丰富多样的校本教材。学校将提供经费来增设相关设备器材,改建专业教室和相关活动场地,购置图书、资料。

案例61

"五育"并举推动课程变革

山东省青岛第五十中学

以素质教育理念为导向的基础教育,尊重每个学生的差异,促进每个学生全面发展。我校坚持多元智能理论,"五育"并举,以课程变革促进素质教育向前推进。

一、坚持德育为先

基础教育是立德树人的事业,要加强思想政治教育、品德教育,加强社会主义核心价值观教育,引导学生自尊、自信、自立、自强。我校把立德树人作为教育的根本任务,把立德树人融入思想道德教育、文化知识教育、社会实践教育各环节,贯穿整个课程体系。课程的设置以贯彻落实《新时代公民道德建设实施纲要》《新时代爱国主义教育实施纲要》为重点,加强社会主义核心价值观教育,引导学生坚定理想信念。安全教育、环境教育、传统文化、人生规划四门课程是地方与学校必修课程,教师发挥学科特点与优势在课程中渗透德育,做到了"传道"与"授业解惑"的有效结合。

二、打牢智育教育之基

"求木之长者,必固其根本;欲流之远者,必浚其泉源。"新时代要求教育实现高质量,课堂作为学校教育最重要的载体,关系到学生的学习质量和学校教育水平。于是,我们提出了要向 45 分钟要质量,真正做到因材施教。2018 年,我们面向新入学的七年级学生开设了逻辑思维(数学)模块课程,为数学思维活跃的学生提供更好的平台;2019年,我们进行了课程优化,推出了思维含量极高的双语数学课程,这一课程的开设可谓前无古人,所有教学内容、学案都是由我校教师设计的。在七年级新生基线测试当天,就有超过 100 名学生报名。我们对教师进行了英语能力和思维能力的专业测试选拔。模块课程的推进得到了家长和学生的积极反馈。经过一年的学习,双语课程的学生进步明显,成为具备优势思维、较好的语言能力的级部顶尖学生。2020 年,我们做出了更大胆的尝试,借助学区共同体,克服疫情影响,做了"初小衔接学习习惯培养""初中的正确打开方式""语文那些事""初中数学的学习方法与学科素养""生活中的物理""趣味化学""一眼看万物"等 11 门衔接课程的视频,并分别推送给小学生。通过衔接课程摸底,我们掌握了入学前学生两极分化严重的情况,对不同层次学生进行了分层课堂教学。我们利用每周3节自习课的时间,实行分层走班,对基础较弱和学习能力突出的学生实施"提优补弱"的教学。

三、强健学生体魄

学校体育应实现让学生享受运动乐趣、增强体质、健全人格和锤炼意志的目标。为实现体育教学目标,2018年,我校开设足球、啦啦操特色课程;2019年,我校开设搏击武术、乒乓球课程。这样的改革,让每一个上体育课、参加社团训练的学生能学会一到两项专项运动技能。

我校学生多次获得青岛市校园健身操、啦啦操比赛特等奖及一等奖。2019级毕业生张俊杰、谷志敏以特长生身份被青岛第六十七中学录取,王萍、杨心雨、李嘉俊等分别以艺术生身份被青岛第一中学、艺校普高班录取。2020级毕业生张琛、张乐、顾笑涵、谭程以特长生身份被青岛第六十七中学、艺校普高班等录取。2020年,我校女子足球队取得历史性突破,取得"区长杯"比赛第二名的好成绩,晋级市赛,这也意味着这些学生有资格进行普通高中的足球特长生测试。我校在2020年市北区"体彩杯"中小学生武术套路比赛中获得团体总分第三名。李睿获得自选短器械比赛和少年规定拳比赛第二名,刘昊宇获得棍术比赛第二名和国际一套比赛第五名,王浩宇获得国际一套比赛第二名和初级短器械比赛第四名,刘浩泽获得初级短器械比赛第五名。在2020年青岛市"体彩杯"中小学生阳光体育联赛(武术比赛)中王浩宇获得初中男子国际一套比赛第一名和初级刀术比赛第六名,李睿获得初中初级刀术比赛第二名和少年规定拳比赛第四名。值得注意的是,这些学生在八年级升九年级时都是普高线下的学生,他们自己也渐渐没有了拼搏的动力。校领导、舞蹈老师和班主任分别帮他们分析优势,鼓励他们利用自己的技之长放手一搏。取得专业成绩之后,他们有了惊人的变化,激发出学习的超强动力,从一模到二模,再到中考,其成绩有大幅度的提升。2020年中考,我校特长生共有21人进入普高进行深造。

四、推进美育改革

党的十八届三中全会明确提出"改进美育教学,提高学生的审美和人文素养"。我校坚持以艺术课程为主体,丰富课程内容,开齐、开足、上好美育课,让学生在艺术课上增强艺术体验。

我校坚持体育、艺术"2+1"项目面向全体学生,促进每个学生掌握一到两项艺术特长。艺术课程结合劳动节、国庆节等节日节点,渗透传承中华优秀传统文化的成果,通过艺术节展演、板报、参赛等形式向全社会展现学校美育教育成果。柿子节书签展、阴刻和阳刻作品、小禾嘉音合唱团表演、吉他合奏表演受到了广泛的社会关注。2018年9月,我们购买古琴并开设课程,学生踊跃报名参加。古琴老师一一进班筛选,根据手指、音律等多方面因素,选拔出了我校历史上第一期古琴学习的"小苗苗"。除了学习基本的模块课程外,部分学生还利用寒假进行了集中强化训练。在2019年5月的艺术节汇报演出中,十多位学生高质量地完成了五级曲目《阳关三叠》齐奏。另外,我们还实地调研了实验高中的古琴课程,从而更好把握高中特长生人才需求,进一步推动我们将模块课程做细、做精。

五、科学建构劳动教育课程体系

我们将劳动教育纳入课程,劳动教育课程每周不少于 1 课时。我们借助烹饪职业学校的强大师资,在每周一下午设置烹饪课程。经过一个学年的课程训练,不少学生学会包饺子、蒸馒头、做糕点等厨艺。我们还开展了班级承包花箱种花草活动。春季播种、观察、浇水、除草、施肥等一系列的劳动体验,让学生养成了劳动习惯。我们发展与劳动实践有关的学生社团、兴趣小组、志愿者组织,结合植树节、劳动节等时间节点,开展丰富多彩的劳动主题教育活动。我们将劳动实践教育活动与艰苦奋斗、团结协作等相关劳动文化相结合,提升劳动实践教育的文化内涵。我们教育学生热爱家庭,自己的事情自己做,家里的事情帮着做。2019 年,我校成功获得"劳动教育特色学校"荣誉称号。

实行素质教育,要求我们转变课程理念,"五育"并举,坚持科学教育质量观,这样才能把学生培养成能够担当民族复兴大任的时代新人。

案例62

如何从劳动活动走向劳动课程

青岛长沙路小学

2020 年 3 月 20 日,中共中央、国务院印发《关于全面加强新时代大中小学劳动教育的意见》,就探索具有中国特色的劳动教育模式做出全面部署。作为青岛市首批劳动教育实验学校,青岛长沙路小学基于时代进步和学生发展的需要,将劳动教育从过去的独立活动走向课程化、体系化、系列化,构建"1+N"劳动教育体系,加强劳动教育,培养全面发展的新时代小学生,提高学生的生活技能。

"1+N"劳动教育体系,"1"指的是用好一本教材——青岛市实验教材《劳动教育》,充分利用课堂这一主阵地,有计划地对学生进行劳动教育;劳动教育不能仅停留在课堂上,动手实践尤为重要,"N"指的是多个实践载体,丰富学生的劳动实践。

一、依托教材,发挥课堂主阵地作用

2020 年秋季,青岛市开始使用《劳动教育》。为用好教材、上好劳动教育课,我校采取了如下举措。

(一)劳动课程落地,确保实施到位

小学开设劳动课程是有计划地对学生进行劳动教育的主要途径。扎扎实实上好每一节劳动课,让课堂成为重要阵地,对劳动教育起着至关重要的作用。要做到"三到位":

思想认识到位、制度约束到位、课程实施到位。学期初我校组织教师学习《关于全面加强新时代大中小学劳动教育的意见》，提高教师认识的同时，建章立制，认真实施，科学考核，严密管理，保证劳动课程的课时数量和上课质量。

（二）建设项目团队，发挥教师专长

以促进我校管理的自主发展为目标，突出教师为我校管理主体的思想，我校大胆创新，推行项目管理，组建项目团队。我校将劳动教育的内容按照"家务劳动""手工制作""植物种植养护"等项目进行分类，让教师根据自己的专长，自主申报、自愿组合，形成项目团队，进行研讨、磨课。

（三）加强教研磨课，提高教学质量

建设一支能胜任劳动课教学的专兼职教师队伍是提高教学质量的重要前提。我校定期组织劳动课教师参加培训学习，让他们理解课程标准要求，领会教材编写意图，掌握教学方法，灵活驾驭教材、驾驭课堂，有效组织教学。教师在学期初制订切合实际的教学计划，按计划有步骤、有条理地开展教学；定期开展集体备课活动，共同研究教材，合理安排教学内容，把握教学重难点，制定教学策略。青年骨干教师出研讨课，项目团队和年级团队的教师一起磨课，历练教学技能，提升学科素养。

二、丰富实践载体，广泛组织开展劳动实践

我校在劳动教育课基础上不断创新，丰富学生劳动实践的载体，使劳动教育真正落地，做到常态化、趣味化。

（一）劳动教育与学校课程相结合，激发劳动兴趣

我校的个性化课程——"男生课堂·女生课堂"，充分尊重学生的性别差异，开展多方面的劳动教育，共开发课堂28个，有的课堂内容正是劳动教育课的延展，如女生课堂的"纸为花语"，男女生课堂的无纺布DIY、衍纸画。学生在劳动教育课上学习了基础技能，感兴趣的学生还可以在学校课程中深入学习和实践。

为了创造性地开设"男生课堂·女生课堂"，保证课程的授课质量，我校坚持多元选择，从本校教师、学生家长、校外专业人士三个层面进行了协调，盘活了师资。一是发挥本校教师特长。我们根据学校教师的优势和特点，为他们安排了最擅长的教授科目。例如，王旸老师会舞狮，我校让他开设"炫舞狮团"，在课堂中男生不惧跌倒的疼痛，逐渐克服心理障碍做动作，做出上肩、滚批、狮子走、狮子跑、大跳、亮相等高难度的动作。二是多方邀请专业人士。为体现"男生课堂·女生课堂"的授课专业性，我校邀请社会上的文化人士到校送课。例如，非遗传人于永章老师到我校传授面塑技艺，"风筝大王"张宗超老人为我校教师带来了专业的培训和指导。这些课不仅提升了学生的劳动创造力，更促进他们对传统民间艺术的了解。三是巧利用家长资源。"男生课堂·女生课堂"得到了家长的高度关注和强烈支持。我们先后聘请了十几位有专长的家长作为"男生课堂·女生课堂"的特约教师，指导学生学知识、长技能。例如，家长中的手工达人带来了

"创意气球"课,通过对气球吹气、揉捏、定型、打结,将一根根普通的条形气球神奇地变成憨态可掬的卡通形象。

(二)劳动教育与日常生活相结合,历练生活技能

劳动教育的出发点和落脚点都是生活。为增强学生的劳动观念和责任心,使他们在日常生活中养成劳动的好习惯,我校分学段鼓励学生参与日常劳动。

一方面,与学校生活相结合。结合《劳动教育》中的《整理文具小达人》《值日我能行》《用餐我能行》等,我校对低年级学生以"自己的事情自己做""认真做好值日生"为主进行劳动教育,将良好习惯由自觉状态走向自主、自动,把外显的动力逐步内化为个性品质,使习惯稳固化。

另一方面,与家庭劳动相结合。2020 年上半年居家学习期间,我校分年级有针对性地设置了劳动教育主题。低年级的教师罗列了"居家一日劳动清单",引导学生在家里对照清单开展力所能及的家务劳动;中年级的教师则和学生一起开展"我和老师一起做厨神"活动,师生在线上交流包饺子、做面包、学炒菜的成果;高年级则开设线上劳动课,教师编发缝沙包、钉纽扣、烹饪等劳动课程资源包,采取群发资源、个别指导的形式,引导学生开展劳动技能的学习。劳动,不仅培养了学生自理、自立、自强的能力,还让他们体验到劳动的快乐与幸福。

(三)劳动教育与传统文化相结合,增强爱国情怀

2020 年上半年居家学习期间,我校组织骨干教师,结合学校实际和学生年龄特点开发劳动教育校本课程。教师制作微课供学生居家学习,在微课中渗透了传统文化教育和爱国主义教育。例如,"端午节"系列课程,编排分段递进的课程体系,安排低年级学生编五彩手绳,中年级学生做花样麻花,高年级学生包四角粽子。三个学段的主题呈阶梯状上升,既有相对独立的劳动教育目标,又有共同的传统文化和爱国主义教育情愫。

传统节日系列课程得到了家长的好评。学生在享受劳动成果、体验劳动快乐的同时,树立起"劳动最光荣"的价值观念。

(四)劳动教育与职业教育相结合,培养社会责任

一方面,我校开设校园实践岗位。我校给学生创建体验社会角色的机会,如设置图书馆馆员,让教师定期对图书馆馆员进行培训。我校还邀请防疫前线的护士、警察、消防员等走进校园,分享成长经历、交流劳动感悟、展示技能技艺,以真实人物、鲜活事迹触动学生。

另一方面,我校组织学生参与社会公益活动。学生在教师、家长的带领下走进社区、福利院和公共场所参加各种公益劳动。学生在多元劳动实践中奉献社会,体验到为他人服务的幸福和快乐,感受工作者的辛苦,从而培养劳动荣誉感和社会责任感。

三、创新展示形式，为劳动实践提供必要保障

（一）技能竞赛，巩固劳动成果

每年，我校都举行劳动技能大赛，以学生日常生活技能为立足点，分年级、分项目进行大比拼。如一、二、三年级学生进行快速整理小书包接力赛、穿校服系红领巾比赛、系鞋带比赛等；四、五、六年级学生进行叠校服比赛、团队合作创意水果拼盘比赛等。以赛促学，以赛促练，历练劳动技能，展示劳动成果，激发劳动兴趣，培养积极的劳动情感，使学生自觉、自愿进行力所能及的家务劳动，真正做到自己的事情自己做。

（二）平台展示，享受劳动乐趣

班级 QQ 群、微信群、学校微信公众号都是学生劳动成果的展示平台。学校微信公众号上专门开辟了"劳动砺心智，实践促成长"栏目，展示了学生的手工水饺、食物盘饰、盆栽蒜苗等劳动成果。家长和同学的观看、点评、点赞，进一步鼓舞了学生家务劳动的干劲儿。班级文化外墙也是学生劳动成果的展示平台。学生在劳动中发现自己的潜质，增强责任心，感知创造的乐趣，享受劳动的乐趣，真正体会到劳动最光荣、劳动最美丽。

我校将以劳动教育为抓手，坚持多方携手共育，通过劳动教育培养学生的劳动技能，增强学生的责任意识，使学生养成正确的人生观、价值观，真正推动学生实现"一得日新，一得一生"的自我成长。

案例63

亲近海洋，涵养"品·智"

——以融入式教育提升海洋素养的行动研究

青岛大学路小学

如何从发展学生核心素养的视角，将海洋教育恰如其分地融入学校已有的课程体系，实现学校内拓展、学区内衔接、生涯式发展是我们一直以来的坚持和探索。

一、融入式海洋教育实施背景与思考

基于青岛市市南区教体局深化海洋教育特色、提升学生海洋素养的战略部署，学校客观审视了发展海洋教育的潜在优势。

（1）得天独厚的地理优势：市南区位于滨海一线，依海而建，因海而生，"春江潮水连海平，海上明月共潮生"。大海既创造了美丽的自然环境，也为学校教育的发展提供了得天独厚的地理优势。

（2）相得益彰的家校优势：位于中片学区的青岛大学路小学，有不少家长在青岛第三十九中学、中国海洋大学、中国科学院海洋研究所等单位工作。其优质的海洋研究配套设施和深厚的海洋人才培养背景，与学校发展海洋教育的诉求相得益彰。

（3）整合发展的学科优势：学校现有的教材体系中有丰富的海洋文学、音乐、美术等素材，为深化海洋教育提供了整合发展的学科背景。

（4）书香十足的文化优势：学校坚持数年的高效阅读研究，丰富的馆藏海洋图书让海洋教育书香十足。

由于小学生处在由形象思维向抽象思维过渡的阶段，具有偏兴趣识记、简单再现和直观具体的认知特点。在我们看来，相对稳定的课程结构更有利于学生"品·智"的培养。因此，在不改变学校基本课程架构的前提下，充分发挥学校潜在的海洋优势，以融入式途径推进海洋教育，潜移默化提升学生的海洋知识素养，能够起到更好的教育效果。

二、融入式海洋教育实施目标

学校秉持"大学扎根 小学成长"的宗旨，致力于"品·智"课程的架构，即通过师生共同的品味、探新、智慧涌现，将传承知识、培育能力、涵养品性、助长生命的理念落实到课程中，达到在知识增长的同时启迪智慧、养育品德、健全人格、润泽生命的教育目的。

海洋教育的实施目标：把海洋教育的元素按一定比例和标准融入"品·智"课程体系中，通过建构"知海、爱海、亲海"的教育情境，陶冶海洋情怀，涵养海之"品·智"，提升学生未来选择海洋教育与事业的志趣，奠定未来海洋开发型人才的基本海洋素养。

三、融入式海洋教育内容及实施途径

针对目前小学阶段通用教材中均有对海洋文化与知识的涉猎，但其平均权重仅为 4.27% 的现状，学校逐步加大融入"品·智"课程的海洋教育内容比例（7%），探索以生为本的融入路径与方式，分解培养目标，建构与评价相连的过程教育。

（一）融入学科

立身以立学为先。教师结合教材中涉猎的海洋素材，在备课时加入同类相关内容，在不增加课内课时的前提下，培育学生的海洋意识，让学生树立正确的海洋价值观、道德观和可持续发展观。

例如，语文学科教师教《海底世界》一课时，充分发挥高效阅读的策略，采用"例文学习 + 整本书阅读"的方式，邀请学生和法国生物学家阿龙纳斯一起乘坐"诺第留斯"号潜水艇开始海底探秘之旅。第一课时，重在了解海底生物、矿藏，学习说明方法，并以"海洋知识窗口"适时补充各种海底动物的声音及其活动方式，以丰富、有趣的知识激发学生进一步了解海洋知识的欲望。第二课时在整本阅读《海底两万里》的基础上，让学生制作动物名片，将学生对海底生物的了解、喜爱以及环保的愿望充分地表达出来。

为达到良好的教学效果，我们还邀请市区教研员以及海洋联盟专家开展联合教研，形成了一支稳定的"品·智"海洋教师团队。该团队为海洋教育融入课程的学习奠定了良好的师资基础。

（二）融入书香

立学以读书为本。学校发挥书香十足的文化优势，开设以"书海徜徉，海中识趣"为主题的海洋读书课,给每个年级设立相应的阅读目标,推荐阅读节目,让学生通过不同的方式展示学习成果。

通过海洋阅读,学校近千本海洋图书被借阅一空。班级阅读角的海洋类图书基本达到了人手一册。

(三)融入实践

千虚不如博一实。学校发挥得天独厚的地理优势,制定《青岛大学路小学"海洋+"综合实践课程方案》并实施。

此类课程包括"快乐小水手""小小沙画家""极地海洋探秘""沙滩排球""汉画像砖探秘""沙滩拔河赛",让学生在实践中感受海洋的独特魅力,掌握一定的知识,学会协作。

学校定期组织帆船社团活动,组建学校游泳队。涉海社团积极参加市区各项海洋竞技性比赛,成绩突出,其中游泳队连续三年获市南区团体第一名。学生在丰富多彩的活动中走近海洋,在掌握海上生存技能的同时增强了体质,培养了团结勇敢、坚韧果敢的海之品性。

(四)融入家校

胸怀天下方谓品,博学明礼始称智。据不完全统计,学校各年级从事海洋工作的家长超过 100 人。凭借这一优势,学校在家校课程设置了"海洋系列",根据融入式海洋教育的分解目标,从海洋资源与保护、海洋自然与应用、海洋经济与社会、海洋历史与文化、海洋军事与国防五个方面,把课堂上的海洋知识普及与校外海洋实验基地体验相结合,让学生全面、直观地学习。课堂上,中国海洋大学教授为学生授课。实践中,学生深入中国大洋样品馆以及高性能计算机中心,了解海洋地质结构,参观海洋探测器模型;参观中国水产科学研究院生物实验室,观看液氮速冻鱼虾,做细菌培养实验;扬帆出海,学习海上自护。

学校还邀请中国女子帆船环球第一人宋坤、"蛟龙"号载人深潜器首批潜航员之一唐嘉陵进学校,分享海上竞技、深海潜行的体验;邀请中国海洋大学学生、科技公司进校园,教授海洋美食坊、"STEM+0"海洋实验课——潜艇的设计原理等课程,在提升学生海洋素养的同时引领学生做勇敢开拓的海洋使者。

四、融入式海洋教育评价实施

"结构化方式教学论"认为,要彰显课程影响的力度,就要在课程反馈中凸显评价容量和显性评价手段。为此,学校发挥评价激励的作用,设计开发了"青岛大学路小学海洋教育积分卡",采用自评、互评和他评的方式,将学生一学期参与的海洋活动以及课程学习进行积分式评价。评价遵循三个策略:一是阶梯发展策略,参与就积累,人人求发展;二是特长发展策略,奖励学生在海洋教育方面优异的表现;三是群性发展策略,个人积分与班级评价奖励相互关联,培养学生团队发展的意识。

五、融入式海洋教育实施成效与思考

（一）融入式海洋教育成果荟萃

融入式海洋教育激发了"大学人"热爱海洋、阅读海洋、研究海洋的热情。为在总结的基础上反思努力的方向，学校面向全体学生做了《青岛大学路小学融入式海洋教育成效问卷》。统计显示，100%的学生选择喜欢和热爱海洋，认为在海洋课程中有收获；90%的学生选择喜欢和热爱阅读海书籍，认为海洋课有趣，教学效果好；80%的学生喜欢参与各类海洋活动。学校收集的学生海洋教育方面的绘画、作文等成果有近3000份。2位学生进入青岛市海洋科普讲解决赛，近80人次在市区游泳、帆船竞赛中获奖。教师出区市级海洋类公开课3节。德育课题《将海洋教育融入传统节庆课程的行动研究》立项为区级"十三五"规划课题。

（二）融入式海洋教育后续思考

学校把海洋教育内容全面、系统地融入学校教育教学的行动尚处在起步阶段，还需要进一步统筹、全面规划。学校一是渴望得到上级对海洋教育政策体系的支持，使宏观指导与具体方案上下连贯，从基础教育到高校培养上下连贯；二是与中国海洋大学联合，与学区内初、高中衔接，探索教师海洋知识培育课程，强化教师把海洋融入教育的能力，提高教师的海洋教育素养；三是在融入内容与方式上既要考虑学生的接受能力，又要考虑海洋教育的系统性、层次性，进一步打通学科与年级教研的壁垒，把海洋教育的内容恰当、足量地融入现有教育体系中。

海纳百川，大道致远。青岛大学路小学在打造一流市南区教育品牌的探索中融入了最真挚的蓝色梦想，也必将在海洋特色教育的发展上取得更多成绩。

案例 64

激发课程活力，教育"品·智"可期

——青岛大学路小学"品·智"课程建设规划

青岛大学路小学

一、学校背景分析与课程理念

（一）发展背景

始建于1933年的青岛大学路小学，以"始终在大学读书"的校训启蒙着一代又一代的"大学人"拥有"高尚的情操、良好的涵养、坚强的意志、强健的体魄、敏捷的头脑和丰厚的人文底蕴"，在向着"优师·高质"的办学目标不断迈进的同时，逐步形成了"品·智大学"文化。"大学"之本，在于责任之大、学术之大、精神之大。"大学"之韵，在于师生"所知所觉之品，所思所行之智"。"品·智"教育致力于在学校特有的环境中实现"品"

育与"智"育的和谐统一,将传承知识、培育能力、涵养品性、助长生命的理念落实到教育教学过程中,教书育人、立德树人。

基于学校"品·智大学"的办学理念,本着从课程中来,到学生生命需求和生存发展中去的原则,学校将国家课程校本化,立足学生核心素养的培养,逐步形成青岛大学路小学"品·智"课程体系。

(二)关键解析

1.关于"品·智"教育

"品":本意为众多,作为动词,有尝试、评价的意思;作为名词,有品德、格调、标准等含义。"智":作为动词,有认识的意思;作为名词,有知识、智慧、策略的含义。"品·智"的提出,将学校的教育目标从追求传统、单一的"优师·高质"向关注师生生动的成长过程、神奇的智慧涌现、愉悦的情绪生活、积极的情感体验、高尚的道德品质和丰富的人生体验过程转变。学校通过师生共同的品味、探新、智慧涌现,将传承知识、培育能力、涵养品性、助长生命的理念落实到教育教学过程中,达到在知识增长的同时启迪智慧、涵养品德、健全人格、润泽生命的教育目的。"品""智"既是过程、方法也是目标、结果,二者和谐统一。

2.关于"品·智"课程

"品·智"课程是鉴于学校"品·智"教育的育人模式,在综合论证、全面思索的基础上形成的以国家课程为主干,融入师生主观经验与潜能、客观知识与技能,社区人文与传统等要素,不断衍生新的课程门类,以辅助、拓展、深化主干课程学习,培育学生核心素养的课程体系;是在不改变国家课程基本模块结构的前提下对各学科课程的校本化检视、修订、重构和综合,是国家课程校本化研究的集中体现。

二、课程建设目标

(一)学生发展目标

学校注重培育具有中国情怀、国际视野的品智共融、德才兼备的时代新人。

(二)教师发展目标

学校将以"品·智"课程的构建研究为契机,打造一支锐意创新、追求卓越、业务精良的学习型、研究型教师队伍,实现教师的"一专 + 多能"。

(三)学校发展目标

学校将以"品·智"课程的构建,实施"多元 + 多维"的"品·智"评价和"激励 + 自律"的"品·智"管理,建设"健康 + 活力"的"品·智"校园,形成"品性 + 智慧"的"品·智"课堂,打造"一专 + 多能"的"品·智"教师,全力打造具有特色的"品·智"文化。

1."育人"是"品·智"课程的出发点

学校坚持以"学科育人"为核心,致力于学生核心素养的提升,从育人的视角思考课程的开发与实施,从主干课程和融入课程两条路径推进学科育人课程建设。

2."国家课程的校本化"是"品·智"课程的着重点

课程标准是国家意志的体现,是国家对全体国民素养或公民素质的最基本的要求。因此,学校要结合本校及学生实际对国家课程进行改造和重组,在深刻理解课程标准的基础上,对国家课程进行再认识、再组合、再创造、再实践,从而实现对国家课程创造性的校本化实施。

3."融入"是"品·智"课程的落脚点

教育是帮助学生社会化的课程,让学生通过修习丰富的课程正确地认识社会,这是教育的使命。学校将通过融入四步法提升"品·智"课程实效。

(1)自我认知——教师在设计课程时须对自身、学生、教材以及课程资源与环境做充分的认知。

(2)融入要素——学校选择合适的融入策略,将师生主观经验与潜能、客观知识与技能、社区人文与传统、自然社会与国际等要素融入主干课程,并根据这些融入要素,确定主干课程和融入课程的实施目标以及适合各年级或各学生的课程主题。

(3)衍生课程——教师根据课程目标和主题,检视、修订、重构、综合原有的教材和融入要素,形成主干课程和融入课程的课程内容,并通过适切的教学策略推进和实施。

(4)评价反思——教师根据课程目标以及课程实施过程中师生的主观感受以及学习心得进行课程评价,并据此不断修订课程规划与实施方案。

4."质量"是"品·智"课程的关键点

从课程到课程群,"品·智"课程更关注质与量的协同发展,不仅要保证学生"有得选",更要关注学生"上得好"。我们认为好的课程必须具备以下特征:围绕主干学科分类、分层融入,提升学习效力,拓展研究视野,培育综合素养。

三、课程结构与设置

学校课程由主干类课程和融入类课程两部分组成,把知识技能的学习、创新精神和实践能力的培养与学生健全的身心、良好的行为、优秀的品格有机结合起来。

主干类课程是指面向全体学生开设的国家课程标准中规定的统一学习内容,有语文、数学、英语、道德与法制(品德与社会)、体育、音乐、美术、综合实践、信息技术、科学10门课程,占比70%,保证落实国家课程标准规定的小学生必须储备的知识与能力、过程与方法、情感态度与价值观要求,其内容与课堂组织形式相对固定。

融入性课程是指从主干课程中衍生出来的融入师生主观经验与潜能、客观知识与技能、社区人文与传统、自然社会与国际要素的40门课程,占比30%。例如,语文、数学、英语、道德与法制课程衍生出来的传统文化、软硬书法、高效阅读、趣味数学、快速记忆、公民教育、安全教育、心理健康等 12 门课程,综合实践、信息技术、科学衍生出来的编程、机器人、科学发明、头脑奥赛等 10 门课程,音乐、体育、美术衍生出来的话剧、管乐、摄影、游泳、橄榄球等 18 门课程。

四、课程实施

(一)国家课程的校本化实施

1. 主题研究重深入

学校从"品·智"教学"品析—悦纳—拓智"的模式入手,落实"学科德育目标实现的策略性研究""积极学习策略的应用性研究"。一是根据教育中心各学科教研员的要求,借助教研组集备的智慧,提炼各学科部分年级教材的德育目标,进行全区共享。各学科在备课模板中增加学科德育点的目标设计和环节落实,通过备课检查和随堂听课督促落实。二是制订"青岛大学路小学学科'积极学习策略应用'推进计划",以"青岛大学路小学'品·智'课堂观测记录表"为指标,通过年级教研组教师同上一节课,在诊断反馈中进行反思和改进,提炼"品·智"课堂的积极教学策略。

2. 质量教研贯全程

一是学期初各学科召开质量分析会,将每个班连续几个学期的平均分、优秀率、Z 分数变化做成折线图,分析进步和后退的趋势,查找原因,制定提升策略。二是各学科开展三次命题研究。一次是关于区域质检试卷的命题分析,全体老师参与,摸准学科发展的方向,把握教学的梯度。一次是关于本年级试题库的培训,通过下发原题—生成新题—检查指导—教研反馈—经验分享的方式不断提升命题质量。一次是关于初中分班考试试卷的命题分析,进行初小的有效衔接。三是课内外拓展延伸。

3. 提升反思,向课题研究要课程成果

学校将继续深化市级"十三五"课题《信息化背景下"品·智"课堂教学模式研究》,一是将前期研究数据进行分析、统计,召开核心引领组年会、课题中心组月会、课题研究团队周会做总结汇报;二是继续开展"品·智"微课堂研究,分享优质资源,不断完善"新媒体"课程研究经验;三是充分利用 VR(虚拟现实技术)教室,开展信息化背景下科学"品·智"课堂教学模式研究,召开"十三五"课题中期汇报会。

(二)拓展性课程及特色课程的开发与实施

学校拓展的 40 门课程主要分三种形式:第一种是普及类的年级选修课,如一年级的橄榄球、二年级的足球、三年级的击剑、四年级的游泳、五年级的武术、六年级的篮球;第二种是精英类的社团或校队训练课,如机器人、头脑奥赛、管乐、摄影等课程;第三种是主题类的实践活动课程,如少先队队课、公民教育课。

1. 坚持发展"品·智"原则

(1)增强操作性,确立"三结合"的实施策略。教师内部培养和外部引进相结合,学生自主选课和深度培养相结合,课内学习与课外实践相结合。

（2）立足特色，打造"品·智"课程核心品牌。例如，高效阅读课程，让学生读好中国文；传统文化课程，让学生悟出中国韵；软、硬笔书法课程，让学生写好中国字；国画课程，让学生画出中国魂，做好中国人。

（3）强调研究性，把教材研发作为课程深化的主要途径。成立课程研发项目组，坚持"生动、生本、生活"三原则，加强教材的使用和推广。《趣味数学》《橄榄球文化》教材已作为校本教材使用。

（4）突出过程性，切实取得课程实效。实行选课制，实现课程个性化定制；举办课程节，为学生搭建展现自我、汇报成果的舞台；开展立体、多元、多维度课程评价，确保课程的实效。

2. 落实"品·智"一日流程

一日流程就是将学生一天的生活学习进行程序化管理，使学生遵守一日活动的时间顺序、具体要求和行为规范。一日流程有利于学生迅速构建学习、生活秩序，有利于核心素养中的自主发展和自主管理。一日流程包括入校、晨读、演讲、课堂、课间、午餐、午休等十几个时间段，每个时间段都有明确的任务要求。

3. 开展"品·智"主题实践

主题实践是学生接受"品·智"课程教育的重要方式。例如，学校根据本校学生特点、时节特点，组织开展"月主题"公民课程，力求月月有主题（如 9 月主题为尊敬老师、尊重知识，对应节日为教师节），生生皆参与，人人有评价，以主题实践促进"品·智"教育开展。

主题实践一般为四个步骤：一是主题发布，通过各种媒介使全体师生知晓；二是开展活动，涉及学生成长的方方面面，包括校外实践、社区服务等；三是家校共育，将活动成效向家庭渗透，充分提高家庭参与度；四是活动评价，以学生自主评价为主，及时汇总，适度表彰。

4. 实施师生"品·智"互动

"品·智"课程着眼于"互动"这一要素，因为，在"互动"这一教育任务存在的前提下，学生就没有"好"与"差"的分别，有的只是每个学生与这个世界联结"点"的不同；教师所做的，就是帮助学生找到这些联结的"点"。学生学习困难，"常因他的抽象能力未达到他要学的知识所相应的抽象水平"，实现联结顺畅的方式应该是降低抽象水平，"给学生多点时间与自由，给学生多点问题去思考"。

五、课程评价

（一）对学生学业的评价

学生学业评价改革是基础教育课程改革的一个重要组成部分。学校基于"品·智"课程的学生学业评价力争体现新课标所倡导的"立足过程，促进发展"的评价理念和工作思路，不仅关注学生的学业成绩，还要发现和发展学生多方面的潜能，了解学生发展中的需求，帮助学生认识自我、建立自信，促进学生在原有水平上的发展，其内容分为课堂评价、作业评价、检测评价三方面。课堂评价是对学生在课堂学习中表现进行即时评价，主要考查学生是否能保持持续的学习兴趣，积极、主动地参与学习活动。作业评价是对学生的作业情况的评价，主要包括作业态度、作业质量。

（二）对教师实施的评价

对教师的评价是课程实施的重要一环。学校使用"品·智"课堂观测记录表对每位教师的课堂教学做出评价。干部随堂听课一学期至少1次，学科组研课一学期至少1次，两者加权算平均分，作为对教师的课堂教学评价。

学校将继续实行走课管理与一日督导相结合的管理模式，把每月15日作为教学常规调研日，从备课、作业、课堂等各方面进行过程性质量监控，并进行绩效评价。学校根据课堂观察和过程性绩效每学年评选"品·智"教师和"品·智"教研组。在这个过程中，教师认识到自己的不足，学习优秀经验，从而达到不断提升自我的目的。

"品·智"教师参考条件如下。

第一，师德良好、乐于奉献。热爱、关心学生，无体罚、变相体罚、语言讽刺等现象；尊重每位学生家长，注意与家长的有效沟通，态度和善，效果良好；无因教师问题接到家长投诉的现象，无责任体伤事故或因体伤事故造成的不良影响；无有偿家教现象，无长期或频繁请假现象。

第二，工作扎实、成绩突出。遵守学校要求，教育教学秩序好，日常工作扎实有效，保证常态课教学质量；努力钻研教材，教学基本功扎实，所教班级成绩在全区及学校同年级、同学科中占据上游或有明显提高；勇于承担并认真完成区、校等教育教学任务，成绩良好。

第三，团结同事、顾全大局。与同事关系融洽，能出色地完成本职工作及学校安排的临时性工作，顾全学校大局，在组内、校内起到表率作用。

"品·智"教研组评选条件如下。

第一，师德优良。教研组成员具有良好的师德，无违反学校规章制度或师德的现象。

第二，团结协作。教研组成员之间团结、协作，气氛融洽。组内教师能充分发挥特长，骨干教师发挥传、帮、带作用。

第三，积极参与教研活动。教研组成员积极参加校、区、市等举行的各种教学研究活动，并做到遵时守纪、积极参与。

第四，教学成绩优秀。教研组成员自觉监督自己的教学工作，经过努力在教学能力和业务水平方面都有不同程度的提高。组内教学成绩在全区居上游，组内班级间成绩均衡。

第五，学生管理规范，教学秩序井然有序。

（三）对课程的评价

对课程的评价主要分两种方式进行，一种是采用社会化评价的方式，全体家长进入市南区社会化评价网络系统,对学校"品·智"课程的设置与实施进行客观的评价,一年一次;一种是采用第三方督导的方式,通过教育中心组织的课程调研、督导室组织的五年规划督导等,第三方对学校课程的实施做出客观、公正的评价,每学期至少一次。

六、课程保障机制

(一)组织保障

学校成立以校长为组长的课程规划领导小组,具体负责课程的全程实施和管理,各分管领导、处室、教研组具体落实,全员参与,努力做到团结协作、分工明确,构建起"品·智"课程管理网络。

(二)制度保障

学校在课程规划实施的过程中,不断修订"品·智"大学管理手册,进一步完善促进教师主动开发课程、学生积极学习课程的有关规章制度,通过制度统筹、管理互动、民主监督,体现出职责清楚、目标明确、上下贯通、部门协作、民主评价的课程管理运行特点。学校充分激发课程开发项目组长和骨干教师的活力,以"终身育人的诚意、为国育才的立意、精心育能的创意",营造"乐品、强智"的研究氛围,建立"品·智"教研组工作手册、"品·智"工作室活动记录、"品·智"课程项目组工作手册。

1. 科学管理提高研究效度

科学管理是课程发展的关键因素。学校将以校委会为校本研修的决策主体,各教研组、集备组具体操作,教导处统一督导,成立课程发展领导小组,对全体教师进行目标管理、全程管理、评价管理。

2. 学习培训夯实理论基础

学校将通过短期培训与长期培训相结合、"派出去"与"请进来"相结合、自主学习与同伴互助相结合的方式提高教师的专业素养。

3. 组团发展创新实践能力

学校将以年级教研组为横向研究团队,以学科工作室为纵向研究团队,以科研项目组为单位的交叉研究团队,实现捆绑式发展,强化教师的学习主动意识,逐步实现学习—借鉴—应用—反思的模式,调动教师学习的主动性。

(三)经费保障

学校将合理配置资源,建立课程开发专项经费,提前预算,发挥资金的正面引导和激励作用;提高课程经费的使用效益,确保课程规划的正常高效开展。争取让更多优秀的教师走进学校,带动学校的课程发展。

总之,让师生站在中央,实现多角度无痕融入;让素养站在圆心,实现多学科跨界协同;让创想站在焦点,实现多思维统整渗透,这是青岛大学路小学"品·智"课程追求的美第奇效应,也是青岛大学路小学为师生谋求的长久幸福!

案例65

用什么课程统整艺术与人文学科?

——对中小学电影及戏剧课程的价值与行动思考

青岛汾阳路小学

能否用电影或戏剧课程的形式,将人文与艺术学科统整起来,把艺术和人文教育做成学生喜欢、社会接受、专家认可的教育载体呢?这么做的价值和行动路径该如何确立?带着这两个问题,笔者展开了思索和探究。

一、中小学电影及戏剧课程的价值

面对中小学分科课程的设置,开展电影及戏剧课程确实是一种艰巨的挑战,但这种挑战恰恰隐含了巨大的价值,或许能够在实践中回答综合性人才培养的问题。如果给中小学电影及戏剧课程进行定位,可以表述为"刻画人物、理解生活、演绎未来"。

刻画人物的价值在于让学生通过对经典剧目的观看、角色扮演,体验作品中人物所处的情境,充分展开文本的内容与表达,让书本和经典活起来。

理解生活的价值在于将生活的多样性展示给学生,将跨越文化、国界、职业、性别的特殊体验带给学生。这是一种立体的、饱满的、充满挑战和情趣的生活体验,可以让他们理解真实的社会并为将来的职业规划和选择做出铺垫。

演绎未来的价值在于可以更好地培育学生对想象和创造的掌控力,因为在影片和戏剧中,学生可以利用所学进行创新,可以大胆塑造他们能想到的一切。

由于角色有多样性,每一名学生都可以找到自己的位置,甚至是挑战自己的性格局限,去演绎别样的自己。我们可以让内向和拘谨的学生,在做"群演""剧务"等时融入集体。

二、中小学电影及戏剧课程实施的行动路径

为了方便表述,笔者暂且将中小学电影及戏剧课程的行动路径分解为"台前"与"幕后"。

1. 台前

我们可以将原本独立的表演、器乐、歌唱、舞蹈、美术等艺术技能进行组合应用。我们可以采取课本剧、名著翻拍(演)、即兴主题表演、舞台剧同主题PK等多样的形式为学生综合展示提供舞台。让有兴趣的志愿者既当观众又当评委(影评人)。我们通过微信公众号、抖音、剧场演出等方式进行推广,让学生感受成功、体验成就。

2. 幕后

我们要用剧本创作串起经典著作的阅读以及写作课程,让学生理解目标、结构、冲突、趣味、叙事、情节的文学及艺术意义;用分镜脚本理解画面与空间、局部与整体的关

系;用拍摄、剪辑理解技术与艺术的关系;用布景、布光体验环境与生活的联系;用"群演"和"剧务"体验服务意识与大局观念。

对学生技能方面的培养更是多方面的,涉及编剧、导演、表演、拍摄、剪辑、美术、服装、化妆等诸多门类,如对布景中各种设备材料的选择和制作,以头脑奥赛的形式征集和自制。

三、对中小学电影及戏剧课程的研究点

笔者认为,对中小学电影及戏剧课程的研究应包括以下几点。

第一,要研究学生在"此情此景中的所说、所作、所思、所想",采取观察、研究的方法,确定在不同情境中学生的反应。

第二,剧本特别是原创剧本是电影和戏剧的灵魂。如何选题、如何制造冲突、如何塑造人物、如何表现结局都是中小学生在编写剧本中的难点,都应该作为中小学电影及戏剧课程相关研究的研究课题。

第三,在教学中如何组织协调不同专业教师的力量,采取何种学习形式才能确保中小学电影及戏剧课程的教学质量和现场实施的效能,也是极为必要的研究课题。

第四,如何将艺术教育和人文教育的内核与现实生活关联起来,让学生能够对现实生活有所思考和创造也是我们的研究方向之一。其中尤为重要的是让在城市长大的学生理解和体验不同生存状态下的生活。

综上所述,中小学电影及戏剧课程不同于职业艺术专业的学习。电影和戏剧只是沟通学生已有知识与社会不同情境的桥梁,是学生体验不同生活状态、创造性地思考现实问题、处理内心冲突的一个窗口。开发好这两种课程,在教学实践中往往会有意想不到的收获。

案例 66

创新校本课程,开拓国际视野

山东省青岛第五十中学

青岛第五十中学本着"全员育人,多元教学"的总体理念,结合七年级学生的具体学情和认知特点,开设具有学校特色的双语课程。学校专业教育团队以课程标准为总体教材导向,参考新加坡 *New Syllabus Mathematics*,对双语教材进行资源整合,具体分为教材选择、教材改编、教材整合、教材补充、教材拓展五个部分。

双语学案设置内容分为 Numbers（数字）、Basic Algebra（代数基础）、Basic Geometry（几何基础）、Functions（函数）、Statistical Data Handing（数据统计处理）五部分;同时课后习题在分层教学理念下设置难度梯度,划分为 Basic(初级)、Intermediate(中级)、Advanced（高级）三部分。每节课均用英语进行授课,关键数学的知识点可以用英

文解释,对学生进行西式思维拓展性教育。双语课程的探索,是一种全新教学方式的探索,是对学生的引导、激励,是引导学生具备全球化视野的教学方式。学校自开展双语课程以来在如下方面取得了突破。

一、第二语言习得能力的突破

通过双语课的学习,学生的词汇拼读、听力输出、阅读理解能力都有了明显提高。词汇拼读分散于各课之中,真实到位。

学校针对第一批双语课学生进行了跟踪采访。其中一位家长是这样评价我校双语课程的:"在一个学期的双语学习中,不可避免地涉及了一些专业词汇和术语。我本来担心孩子面对这些会产生抵触心理。但老师并不是简单地把数学翻译成英语,而是努力找到二者的最佳切入点,注重兴趣的培养。结合题目,孩子很有兴趣地掌握了一些常规数学单词。数学和英语的融合很好地激发了孩子的兴趣。在这样的教学中,孩子对英语工具有了更深刻的认识。在老师的引导下孩子渐渐摆脱了'哑巴英语',成长为一名有自信的口语流利的小达人!"

二、时空开放的新课堂格局

由于学生的学习能力和经验不同,学生在双语学习中的状况是不一样的,所以开放的双语课程应该给学生留足空间。双语教学实践肯定不能用传统的教学观念。学生本身具有较强的主观能动性,他们很愿意主动去动手操作或者亲身体验,这也有利于双语教学课堂的创建,所以双语教师就要在双语课堂上最大限度地调动学生的主观能动性,多用提问引导的方法和激励的教学方法。

体验过双语课堂的学生无疑是这种新型教育模式下的最大受益者。有70%的学生自学习双语课以来成绩有了提高。双语课学生纷纷表示:每次的双语课充实而富有意义,课程丰富多样,使他们受益匪浅。千变万化的探索规律、奥妙无穷的幻方、妙趣横生的各种图形、各种励志英文电影片段、洋洋盈耳的歌曲……使从前索然无味的数学也变得有趣起来,英语交流更加流畅。

双语教学是我国中小学外语学习者改变学习方式的重要途径。它不仅涉及学科词汇、学科概念、学科特征、学科思维,还撼动了传统外语学习方式。而更可贵的是双语教学必将长久地影响我们的外语教学策略和学生素养培养。积极推进双语教学、将双语教学作为强化英语的有力措施和必要途径,是我校一次极富勇气的教育创新,也促使教师向一专多能方向发展,让教师的国际视野更加开阔。

评价体系变革篇

案例 67

七彩德育课程评价，建构卓尔德育课程体系

山东省青岛第五十三中学

2019 年 1 月，我校开始打造"一轴两翼"发展新格局，引领我校高位发展。身为"五三人"，我们常思索：九年一贯，一贯的是什么？

众所周知，九年一贯制相比独立办学的小学和初中而言，在教育连续性方面优势明显。持续性、连贯性是九年一贯制学校特有的属性。我们认为：九年一贯教育的对象是从一年级到九年级的学生，学生年龄跨越儿童期、少年期、青年初期，因此在教育的内容、形式和方法上自然不能一言以蔽之。建立一体化的育人模式，有利于对学生人文精神的培养。人文精神是一个学校的魂，是一个学校的学生走出校园身上带有的烙印与气质。九年一贯制学校的德育应更加关注人文精神的培养、关注创新人才的培养、关注人生规划的建构，实现贯通发展。

有了明确的方向引领，我校德育秉承"情注九年，奠基一生"的教育理想，形成了"七彩阳光，点亮繁星"德育团队理念，这里的"七彩阳光"指向"卓尔七彩阳光"德育品牌，对应"卓尔七彩阳光"九年一贯特色活动：爱心红尊重教育、朝阳橙感恩教育、秋实黄自信教育、春华绿责任教育、高山青求真教育、大海蓝尚善教育、水晶紫博美教育。"点亮繁星"则指向我校学生的发展，在不同阶段的德育课程、生涯规划、九年一贯习惯培养序列化等富有九年一贯特色活动的引领下，我校学生在发展中如颗颗繁星般耀眼。

随着"一轴两翼"办学新格局的全面展开，随着一次次的研讨、实践、反思，我们越来越清晰地认识到打通学段，建立一体化的育人模式，构建卓尔德育课程体系就是为了让课程成为实现学生培养目标的载体。

基于以上的思考和实践，从基础学部、衔接学部到毕业学部，从教育理念到教育内容，从管理方式到实施过程，我们对育人体系进行了整体构思和设计。在育人总目标的指导下，我们对原有的育人体系进行了再架构：以卓尔德育课程的实施为主线，以"三全"育人为指导，从"六个领域""十大方面"再构建了卓尔德育课程体系。基础学部开展以习惯养成为核心、以学生认知发展为线索的基础卓尔德育课程，体现国家对公民素质的最基本要求，为学生的生活成长服务；衔接学部全面实施全员育人导师制，开展多元发展的衔接德育课程，努力为学生提供适合的、可选择的个性化教育；毕业学部构建职业生涯规划体系，开展指向学生毕业升学的毕业德育课程，为学生未来发展谋篇布局。

"七彩德育课程"评价聚焦于学生个人修养、行为规范、责任担当精神，包括践行常规、自主管理和志愿服务等内容，旨在通过课程学习与课程评价，为学生注入成长发育的精神之钙。

我们通过每周"我为您点赞"、每月一次校园百星评选和多元风采颁奖典礼等方式

从多维度评价学生,鼓励学生多元成长。我们通过艺术节、体育节、学科节、科技节、读书节等校园节日活动,为每一位学生提供展示自我的平台,促进学生多元潜能的开发、卓尔品质的形成。

为了更好地开展养成教育课程,培养学生良好的习惯,我校将开展"每周一个好习惯"活动,每周推出一个养成习惯及具体要求。学生按照此要求去做即可获得好习惯奖状,一周中获得 5 张奖状,会被评为"好习惯示范生";一个月 4 次被评为"好习惯示范生",可被评为"五三小标兵",并可参加每月一次的"校长大抽奖"活动。我校以此来强化学生"坐、立、行、言、学"五方面的行为养成,培养学生学会担当,做好身边的每一件小事,从而为学生的多彩人生奠基。

九年一贯卓尔德育课程体系和评价体系,为学生的个性发展及走向成功搭建多元平台,落实"卓尔七彩阳光"七大品质培养,让学生在丰富的卓尔德育课程文化浸润中,展现自己的才华。从"条块分割"到"协同育人",强化育人力量与教学环节的无缝衔接,我们追求有核心、无边界的九年一贯育人体系。

学校是一片沃土,学生犹如希望之花,而我们甘愿做陪衬希望之花的绿叶,构建大格局,展现大情怀,努力实现师生之间同频共振,用"爱的教育"滋润出累累硕果!

案例68

学分制评价,引领学校个性化成长

山东省青岛第五十三中学

教育价值取向,是指教育活动的决策者或从事教育活动的主体依据自身需要对教育价值做出选择时所持的一种倾向。人们对教育活动的价值选择历来有不同的见解和主张。不同的价值取向,对教育实践的发展有直接的影响,在一定时期内,它决定着教育发展的方向。

学校建构了"学院制 + 学分制",构建课程的多元评价体系,出台了《学生综合素养评价办法》,促进和引领学生科学成长、主动成长。学校把课程作为整体育人的重要载体和有力抓手,从德、智、体、美、劳全面发展的角度重构国家、地方、校本三级课程,帮助、引导学生规划学习时间和学习内容。多元评价突破传统的学校考试评价模式,更加关注学生的个性和综合素养发展。

学校创建"学分银行",实施学分积累和兑换制度。学生将经认定的学分存入"学分银行",累积到一定程度可申请将学分兑换为相应价值的"卓尔币"(小学部低、中年级);也可以进行储存升级,升级后可累计更多的学分;还可申请参与学校各工作室活动,甚至兑换相应价值的物品(图书、学习用品等)。在评优选先、外出考察学习、弹性学制管理等方面学分制都发挥了重要作用。

学院制评价关注两个方面:一是科学研究方面,学校通过评选优秀成果、小课题研究、评选"院士""研究员""院长"等,激励学生不断探索,学校还在一定范围内,颁发"校长杯金苹果奖",奖励有创新思维和研究精神的学生;二是专业发展方面,学校通过专业水平考级认定、学生在艺术展演和体育比赛中获奖等,加大认定力度,不断提升学生的艺体素养,让更多的学生喜欢艺术,喜欢体育运动。

学校还建立了少年科学院、少年文学院、少年艺术学院、少年工程学院、少年体育学院,建立选拔机制和评价机制,推行学院制学生管理模式,为跨学科的课程改革建立很好的组织模式。

案例⑥⑨

标准课程评价体系建构,实现学生综合素养提升

山东省青岛第五十三中学

青岛第五十三中学是青岛市第一所九年一贯制学校。学校根据国家课程标准和学生发展的需求,对一至九年级国家课程中的课程进行整合、改革、创新,逐步调整课程设置,不断丰富课程内容,努力完善课程结构,致力于构建适合学生九年发展的"卓尔不群,超越自我"的卓尔课程体系,一步一个脚印,务实求新,稳健推行。课程的根本目标指向核心素养的发展且符合儿童的认知发展规律。小学阶段以学科融合为基本课程形态,强调知识必须在生活的背景下学习。初中阶段以人文和科技领域的融合为课程形态。

课程设置主要围绕"标准课程、特色校本课程、未来发展课程"三个方面,分为"健康体魄""民族情结""国际视野""发展潜质"四大类别。课程涉及六大领域:人文与社会领域(以文学、历史、道德与法治为基础学科)、科学领域(以生物、化学、地理为基础学科)、工程领域(以数学、物理、信息技术为基础学科)、艺术领域(以音乐、美术为基础学科)、健康领域(以体育与心理健康为基础学科)、语言领域(以语文、英语为基础学科)。

我们在课程实施过程中,除传统的行政班级授课外,大胆尝试了选课走班、分层走班、跨年级走班、少年学院等不同组织方式。

"标准课程"评价指向国家课程,强调基础知识和基本技能的落实,包括对每门学科课程的过程性评价和终结性评价,动态呈现学生的学习过程与学习结果,是学生每一成长阶段及九年一贯学习情况的整体记录。

一、二年级的学生,如何从幼儿园生活顺利过渡到小学生活?教师如何在习惯养成中达成教学目标?通过多次研讨,我校小学部决定以"智·行"嘉年华方式,关注童心,把语文、数学、英语等学科素养融入生动、轻松的游戏大情境,引领一年级的学生经历小学生活的第一次评价,在通关游戏中进行评价。"拼音大闯关""乐读小天地""口算小明星""解决问题小能手""英语对对碰"……学生在这些活动中玩中学、玩中测。游戏关注知识能力与生活运用,关注拼音运用、口语表达、语言积累、课外阅读、数学思维、数

学计算、英语日常对话,既符合学生的年龄特点,又体现了幼小衔接的理念。我校通过"智·行"嘉年华活动,让一、二年级的学生对于"测试"有了快乐的体验和美好的回忆,从而提高了他们对于学习的兴趣,保护了他们学习的"初心"。

作为青岛市小学语文学科教学改革实验基地,我校秉承"卓雅悦读,让书香成为校园的味道"。为了让阅读不再枯燥,提高学生的阅读兴趣,我们推出了"阅读存折"这种玩中读的方式,每个班的语文老师都是兼职的"阅读银行行长"。学生从一开始为了"存钱"读书,逐渐转变为自觉读书,养成每天读书的好习惯。学生读书的种类增多,阅读速度也加快了,既开阔了视野,又充实了生活。

我们运用古诗考级的方法让学生进行古诗的积累,考级中通过"互评、家评、师评"的方式进行评价,提高学生的积极性。丰富多彩的经典诵读活动和奖励措施,让学生每人每年保底熟诵 50 首经典诗文,到小学毕业时每人可以熟诵经典诗文 300 首以上。各项措施让学生保质保量地完成诵读计划,收获诵读乐趣。

案例70

"品·智"素养评价

青岛大学路小学

一、对学生学业的评价

学生学业评价改革是基础教育课程改革的一个重要组成部分。学校基于"品·智"课程的学生学业评价力争体现新课标所倡导的"立足过程,促进发展"的评价理念和工作思路,不但关注学生的学业成绩,而且要发现和发展学生多方面的潜能,了解学生发展中的需求,帮助学生认识自我、建立自信,促进学生在原有水平上的发展。其内容分为课堂评价、作业评价、检测评价三方面。课堂评价是对学生在课堂学习中的表现所做的即时评价,主要是考查学生是否能保持持续的学习兴趣,积极、主动地参与学习活动。作业评价是对学生的作业情况的评价,主要包括作业态度、作业质量。

表 70-1　青岛大学路小学"品·智"课程学生学业评价表(讨论稿)

学生姓名		评价学科		评价人	
评价分类	评价指标				
课堂评价	认真倾听老师的讲解和同学的发言				
	积极动脑思考,思维灵活,想象丰富,富有创造性				
	大胆发言,勇于质疑,表达有条理而清楚				
	善于合作交流,在完成学习任务的同时能主动帮助和配合他人				
	有良好的课堂学习纪律和习惯,学习用具干净、整齐、有序				

作业评价	按时独立完成
	书写认真美观
	格式规范
	版面整洁
	作业准确率
检测评价	阶段检测成绩
	专项检测成绩
	期末检测成绩
综合评价	

（1）学业评价采用等第评价的方式，分优秀、良好、合格、不合格等次。

（2）教师要加强平时的课堂观察，过程性评价不少于 2 次，把每次的评价结果及时向学生反馈，鼓励学生进步，督促学生改进，在学期末进行课堂评价综合评定，确定等次。

（3）教师要认真研读小学各科作业常规，提出明确、严格的要求，要经常展示优秀作业，让学生自找差距，对作业评定较差的学生要及时给予教育与指导，鼓励其进步。过程性评价不少于 2 次。教师在学期末进行作业评价综合评定，确定等次。

（4）对学生的检测评价要以各学科课程标准为依据，紧扣学习内容，难易适度，体现检测的导向功能。教师必须对检测结果做好定性与定量分析，分析教、学过程中存在的问题，及时加以调整和弥补。专项检测即围绕学科教学的某一方面（单项）进行检测。数学可从口算、计算、实践操作、解决问题等方面检测。语文可从朗读、阅读分析、口语交际、作文（写话）等方面检测。英语可从朗读或背诵、英语会话、阅读理解等方面检测。阶段检测由教师自主进行，专项检测由年级组统一确定，期末检测由教导处具体实施。检测结束后，教导处要组织专项研讨，分析教学中存在的问题，提出指导性意见或建议。

（5）综合评价是教师对学生做出的结果性评价，每学期一次。其中课堂评价占 10%，作业评价占 10%，阶段检测占 10%，专项检测占 10%，期末检测占 60%。

非检测类学科主要以结果评选、成果汇报、竞赛成绩的方式结合课堂表现等进行综合评定。

（6）教师应向学生说明实施学业评价的内容和标准，并适时向学生反馈各项评价结果，对学生反馈的各项结果应严格采用等第制。教师对学生做出评价时必须严肃、认真、客观、公正，要以激励学生、促进学生发展的宗旨做好各项评价工作。教师要及时做好过程性资料的记录，做好统计、汇总，并提出宝贵意见建议。

二、对学生品行的评价

学校结合不同年龄段学生特点制定了"'品智'阶梯'益'起成长少先队品行培养评价手册"。手册中的内容包含"爱党爱国""文明有礼""自理自立"等多方面内容，每一方面内容都有 7 条针对不同年级学生特点制定的指导、操作性强的具体条目。学生对手册中的达标内容全部达标就可以获得证书。这样的方式可以激励、促进少先队员积极、持久地进行品行培养。

三、"十个一"特色评价

（一）"十个一"总目标

一项体育技能：学生自主选择学习两至三项体育运动技能，如球类、游泳、跳绳、武术，在体育锻炼中享受乐趣、增强体质、健全人格、锤炼意志。

一项艺术才能：学生自主选择学习一至两项艺术才能，如乐器、戏剧（表演）、戏曲、舞蹈，掌握其中一项受益终身的艺术才能，提升自身审美和人文素养。

精读一本书：学生将读书与个人成长、情感体验、感悟体会相结合，养成自主阅读、热爱读书的好习惯。

记好一篇日记（周记）：学生把所见、所闻、所感不拘形式地记下来，养成记日记（周记）的习惯，进一步扩大词汇量，锻炼语言和文字表达能力；通过日记（周记）抒发情感，涵养心性，促进身心健康发展。

参加一次劳动：学生通过劳动，掌握一定劳动技能，培养创新思维和实践能力，开发自身职业潜能，崇尚劳动、尊重劳动，懂得劳动最光荣、劳动最崇高、劳动最美丽。

演唱一支歌曲：学生学习正确的发声方法，学会识谱，掌握一定的唱歌技巧，完整地演唱歌曲，体会歌曲的情感表达，不断提升鉴赏美的能力。

诵读一首诗词：学生通过诵读活动，提升自己阅读、感悟作品的能力和语言文字表达能力，在经典美文诵读中感受传统文化、人生哲理，培养家国情怀，陶冶道德情操。

进行一次演讲：学生通过演讲，准确表达自己的思想，掌握一定的演讲技巧，提升思维逻辑和清晰表达能力；通过演讲，净化思想，陶冶情操，感化心灵，树立自信心。

参加一次研学：学生在研学活动中熟知家乡情况，感知传统文化，感受祖国发展和生活的变化，学会生存、生活，学会做人、做事，增强对社会主义核心价值观的理解与认同，促进身心健康发展。

参与一次志愿服务：通过志愿服务，加深对公民责任、义务的认识和理解，将服务他人、服务社会与实现个人价值有机结合，树立服务国家、社会、他人的责任感。

（二）基础性目标

一项体育技能：学生要上好体育课，参加每天阳光体育运动一小时活动，每学期至少参加一次校级及以上层次的正式比赛，至少参加一个体育社团，至少熟练掌握一项体育运动技能。

一项艺术才能：学生学习并掌握一项艺术才能，参加一个社团，每学期至少参加一次校级及以上层次展演活动。

精读一本书：学生每月精读一本有助于成长的课外纸质书，每学期至少分享一次读后感,每年参加读书节,参加读书漂流等类似活动。

记好一篇日记(周记):低年级学生用语言表达或拼音、图画等方式坚持说、写、画;高年级学生坚持以写为主,并与书法相结合。

参加一次劳动:学生每月参加一次劳动,提高动手能力,注重劳动体验。

演唱一支歌曲:学生每学期学会并能演唱一支歌曲,参加一次校级及以上层次歌唱展演或歌咏比赛。

诵读一首诗词:学生每天利用晨读、课前5分钟朗读、课堂学习等学习环节大声诵读一首诗词,参加一个诗词社或吟诵社团,每学期参加一次班级及以上层次组织的诗词诵读展示比赛活动。

进行一次演讲:学生每学期进行一次演讲,参加一次演讲比赛或演讲会,参加一次演讲技能和演讲素养辅导课。

参加一次研学:学生每学期参加一次研学活动,梳理一次研学收获,参与一次研学体会分享。

参与一次志愿服务:学生每学期参加一次志愿服务活动,参加一次志愿者服务注册;每学年参加一次志愿服务节。

案例71

"得于方寸,集美日新"
——养成教育评价方式的探索与实践

青岛北山二路小学

养成教育是小学德育工作的基石,而富有实效的养成教育评价则是推进德育创新的重要举措。秉承"得于方寸,集美日新"的养成教育评价理念,学校通过收集美德"邮票",引导学生在习惯养成的过程中,从一点一滴的小事做起,每日收获"一得",奠基一生所得。

一、小"邮票",大智慧

"勿以善小而不为,勿以恶小而为之。"良好习惯的养成需要从细微之处着眼,从不起眼的小事入手。"邮票"虽小,但魅力无穷。

在以"得于方寸,集美日新"为目标的养成教育训练中,学校从关注学生的行为细节入手,巧妙地借助"邮票"这一载体,通过创新评价方式有效地保证了养成教育训练重点的落实。我们根据低、中、高三个学段学生的养成教育目标,从德、智、体、美、劳五方面对学生进行日常评价,设计了卡通形象系列、成语故事系列、历史人物系列共15款"邮票"。一张张通过努力获得的精美"邮票"会被收集到人手一本的"集美日新册"中,生动地见证学生良好品德的塑造历程。

二、小设计,大创意

学生的"邮票"当然要由学生自己来设计!本着让"邮票"会说话、让"邮票"能育人的原则,学校面向全体学生征集美德"邮票"的设计方案。最终,在学生、家长、教师的共同评选中,面向三个学段的套系邮票脱颖而出,个性鲜明,栩栩如生。

低年级的"喜羊羊"套系,巧妙地借用动画片《喜羊羊与灰太狼》中的羊族人物,将人物性格与养成教育的培养目标紧密结合,推出五款卡通"邮票"。以关心爱护每一只小羊,为小羊们无私奉献的慢羊羊为图案的"邮票"是心灵美的象征;以机智聪明、善于思考、勇于战胜困难的喜羊羊为图案的"邮票"是爱学习的象征;以沸羊羊为图案的"邮票"代表的是乐于锻炼、体格健壮;以美羊羊为图案的"邮票"象征多才多艺;以暖羊羊为图案的"邮票"象征热爱劳动、乐于助人。

中年级套系则是借助常用成语典故,将成语故事和典故中蕴含的深刻内涵与养成教育的培养目标有机结合。"融四岁,能让梨",互相谦让是学生从小就要养成的良好品德,这就是"孔融让梨"这枚"邮票"的寓意所在。"程门立雪"呈现出古代的程颐尊敬老师,求知若渴,引导学生学习其求学精神。迎着晨曦锻炼身体、磨炼意志的"闻鸡起舞",激发的是学生参与体育活动的积极性。"高山流水"代表的是美育,培养学生从小拥有良好的审美意识和感受美、创造美的能力。"熟能生巧"作为劳动教育"邮票"图案,体现了掌握劳动技能对学生终身发展的重要性。

高年级推出的是历史人物系列,引导学生从名人故事中汲取成长的养分。我们以孝敬长辈的黄香、活学活用的司马光、身强有力的后羿、画技精湛的马良、勤劳灵巧的鲁班的人物形象分别作为"邮票"的主题图案,从德、智、体、美、劳五方面对学生提出了养成教育的培养目标。

三、小目标,大发展

养成教育评价,是德育管理过程的重要环节,也是德育管理的重要手段。它的目的不是单纯地给学生贴上一个"好"或"坏"的标签,而在于引导和促进学生思想道德素质的发展和完善,为德育服务。初步确定评价形式后,我们要细化养成教育的培养目标,做到养成教育评价体系"形散而神不散"。

学校制定了养成教育评价标准,根据小学养成教育的总体目标,结合学生年龄特点,分别制定了各学段的具体目标。为增强评价的可操作性,我们坚持养成教育"低起点,小步子,反复抓,抓反复"的培养规律,将各学段目标进一步细化,落实到学生的具体行为上。三个学段养成教育目标的宏观确立都从举止文明、讲究卫生、诚实守信、守时惜时、遵守秩序、尊重他人、懂得感恩等好习惯的培养入手。宏观目标的学段一体化确保了养成教育的延续性。每一个学段又根据不同年龄学生的心智水平提出了相应的要求。例如,对学生感恩习惯的培养,按照低、中、高三个学段,我们提出了体会感恩—懂得感恩—学会感恩的递进式培养策略。这些小而实的行为体现的就是"方寸间"的培养目标。学生只要坚持走好每一小步,日积月累,通过一个又一个小目标的实现,便可"集美日新",促进个人品行的大发展。

四、小评价,大激励

"得于方寸,集美日新"评价体系,处处蕴含着丰富的教育资源。"邮票"中蕴藏的美德故事、"邮票"积累的过程,无不引导着学生在养成教育的过程中,积行为之跬步,至美德之千里。

在评价实施的初期阶段,老师首先引导学生去挖掘"邮票"背后隐含着的德育元素,组织学生开展"邮票"故事会,剖析"邮票"人物的品德,使学生在参与各类评价的过程中将"邮票"中人物作为自己学习的榜样。美德"邮票"唤醒了学生的自主教育意识,让养成教育变得立体、丰满起来。

每一次"集邮",都是美德行为的储蓄。美德的形成并非一蹴而就,需要学生坚持不懈的努力。关心热爱集体、主动帮助他人、课上认真听讲、按时参加阳光体育活动、艺术节中的风采展示……这些行为都会得到老师嘉奖的美德"邮戳"。当"邮戳"积累到一定数量的时候,学生就可以在阶段性评价中换回相对应的美德"邮票"。手捧"集美日新册",学生的激动之心难以言表。他们分享成绩,反思不足,你追我赶,互帮互助。每学期集齐本学段成套"邮票"的学生,便可直接被推荐为校级"美德小明星",并在学校微信公众号、校园宣传栏中展示其风采。

一枚"邮票"就是一个故事,一本"邮册"就是一份记忆。得于方寸,集美日新。我们希望每个学生都能收集到人生的第一枚"邮票",将承载美德的"首日封"寄往美好的未来。

九年制衔接项目改革篇

案例72

重构"1+N"课程群，为未来发展奠基

山东省青岛第五十三中学

"一个生命的成长，是生命与学校对话的过程，是生命与社会对话的过程，是生命与未来对话的过程。"

义务教育是现代国民教育体系中最为重要的组成部分。办好一所义务教育学校，对于保障适龄儿童接受公平而有质量的义务教育、全面提高国民素质、实现中华民族伟大复兴中国梦具有特殊而重大的意义。2019年4月，为了加快第四学区的建设与发展，在市北区教体局的指导下，第四学区成立了青岛市第一个九年一贯制教育集团，包括山东省青岛第五十三中学、青岛东胜路小学、青岛辽源路小学和青岛山东路小学四所学校。

五十三中学和三所小学在多年的探索中，基本形成了各自的办学特色和办学成效，而集团化办学又应该从何入手呢？在半年的摸索中，我们经历了"困惑—发现—融合—重构"，从课程突破，推进集团化办学。

一、问题诊断，推动集团课程融合发展

五三教育集团实施"学区式"九年一贯制，即将学区内小学与初中以对口直升的方式连接起来。但学区内的小学和初中在管理上是独立的，生源是稳定的，这种是非完全意义的一贯制，也称为异校联体型一贯制模式。

三所集团校原已形成自己的特色课程。

东胜路小学以"适性教育"理念为引领，形成了"以课程建设为核心，师生双能发展为本"的学校发展思路，建构了"求真·尚美·雅行"课程体系，主要包括艺术素养类、探究实践类、品行修养类三大类学校特色课程。

山东路小学在"民主"理念的引领下，根据"学校教育是为了促进人生命发展"的教育价值取向，构建了"美好未来课程体系"。整个体系分为自然科学、人文素养、社会之纲三个课程领域，帮助学生面向未来，全面、快乐、个性化发展。

辽源路小学以"和乐教育"为特色办学方向，规划了以"和""乐"作为师生发展核心价值观的教育发展之路，倡导教师"善施教化，育人为乐"；鼓励学生"和而不同，乐享成长"。该校积极构建"和乐"校本课程体系，创建了陶乐源工作室和陶苑长廊，致力于打造陶艺特色课程，让学生学会"尊重、倾听、对话、共生"。

但在集团办学中，每一所学校的办学特色，始终不能融合到集团办学的框架下。校校有精彩，校校却不相通。从九年一贯的角度看，这会产生在集团办学中内力、外力都很强，合力和向心力却很弱的现象，也容易出现学生的培养不衔接、教师不交流、管理不相通等情况。

二、"基因"链接,实现集团课程优势发展

为了集团化办学的强强联合,我们抓住课程主线,通过寻找课程"基因",实现优势基因融合,推动课程优势发展。

1. 寻找"基因"

每一所学校都有自己的课程"基因"。学校课程体现了学校对其发展定位的理解,来源于学校的历史背景和文化理念。

表 72-1　四所学校的课程"基因"

学校名称	课程"基因"		
	课程价值观	课程生命观	课程的全人观
东胜路小学	"适性教育"	求真·尚美·雅行	艺术素养、探究实践、品行修养
辽源路小学	"和乐教育"	尊重、倾听、对话、共生	和而不同、乐享成长
山东路小学	"美好未来"	促进生命发展	面向未来,全面、快乐、个性化发展
五十三中学	"成就梦想"	尊重、感恩、自信、责任	健康体魄、民族情结、国际视野、发展潜质

2. 优势"基因"融合

九年一贯制集团化办学,应基于儿童立场,站在九年一贯发展的基础上,整合各集团校课程的"基因",围绕"培养完整的儿童,为生命成长奠基"这一目标,立足"大课程"的布局,把集团课程统整为整体贯通、有机衔接的课程群。旨在发现每个学生的需求,为他们搭建合适的成长平台,通过价值引领,促进学生全面发展,让学生成为最好的自己。

三、重构"1+N"课程群,为生命成长奠基

1. 重构"1+N"课程群

我们以课程共享共建作为集团化办学内涵发展的重要路径,对集团课程进行规划设计和整体架构,生成"1+N"课程群,通过五十三中学九年一贯制课程体系和其他三所集团校特色课程群的有机结合,横向整合,纵向贯通,打通九年一贯制集团化办学的命脉。

集团课程体系按照"模块整合、阶梯设置"的构想,尝试进行课程的横向组合和学段的纵向衔接,采用整体推进的形式,充分发挥集团课程的集群效应,把基础课程、衔接课程、毕业课程、各校特色课程组合成有序的课程群。为了更好地实现九年贯通、学段衔接,整个集团课程在系统规划的基础上分三个学段分别设置和实施。

基础学段(一至五年级)——回归生活。基础学段课程群设置借助国内外先进教育经验,以回归儿童的生活世界,在生活中体验、探究为指导思想,设置多学科融合的主题化课程,结合各校特色尝试开设"特色校本课程群",倡导探究性学习,提升学生的核心

素养。

衔接学段（六、七年级）——多元发展。衔接学段的课程群在落实国家课程的基础上，立足核心素养提升和学生需求，提供多类别课程资源。以学段衔接、人文素养、创新领域为主开发课程，以学生社团为主体，开展个性化学习活动，为学生量身定制个性化学科特色课程，让学生在掌握课程基本要求的基础上，形成自己的优势学科领域。

毕业学段（八、九年级）——生涯规划。毕业学段的课程群侧重中考学科的分层、分类和毕业升学指导，利用"两大社团，多个专项"即卓尔社团、超越社团和自主招生等专项辅导，对学生进行分层辅导，整合校内外资源，优化育人模式。

2."1+N"课程群，关注学生多元全面发展

"1+N"课程群，是以五十三中学九年一贯的"卓尔课程体系"为轴心，三所小学的课程组成的课程群，打通了集团课程衔接壁垒，实现了集团内课程的贯通、优质资源的共享。

（1）交换生项目，关注初小学段衔接。为全面深化集团化办学优势，自2019年秋季起，集团在辽源路小学、东胜路小学、山东路小学六年级学生中，实施"交换生项目"改革，意在提供学区内不同学校间学生的相互了解、相互学习、相互交流的机会，逐步构建起为学生终身发展服务的办学理念。

（2）引桥课程项目，关注学科衔接。集团通过"学段打通，素养先修"的学科引桥策略，开发了语文、数学、英语、七年级物理等引桥课程。

物理引桥课程通过有趣而严谨的课程内容使学生保持对自然界的好奇，并注重培养学生实事求是、尊重自然规律的科学态度。五十三中学在学校公众微信创设"卓尔兄妹学物理"版块，作为物理引桥课程的成果展示平台，分为实验模块和研究性学习模块定期展示。该版块已经引起青岛市初中物理教研员王平老师的关注与大力推荐，在全市物理教研公众号上特别推送。

五十三中学充分挖掘九年一贯制学校优势，开发了语文、数学、英语衔接类课程，组建集团研究共同体。不同学段、不同学科的教师一起，通过"大教研、大集备""名师课堂共享"等形式，为学生铺垫搭桥，引导过渡，做好知识的相辅相成，注重学生的持续发展，使集团教学工作浸润交融、互助共赢。

（3）"博士工作室"项目，关注高初学段衔接。为了培养集团内学生的创新精神、创造思维、动手能力和学科素养，集团成立了海洋与数学、物理材料、化学、生物、数字建筑、地质地貌、3D增材打印七大"博士工作室"，这也是集团衔接学部"创新素养"课程群。三所集团校的学生以"大研学"的形式和五十三中学的学生一起参加"博士工作室"的学习。集团还以"博士大篷车""相约进大学"等不同形式共启研学模式，引领学生从优秀走向卓越，从而促进集团化办学纵深发展，也实现了集团内优质课程资源、师资资源、环境资源共享。

（4）"1+X"七彩阳光工作室，关注生涯规划。集团构建德育课程体系，助推集团学

子全面成长。集团围绕基础性课程、校本特色课程、个性化培训课程三个层面,立足人文与社会领域、语言领域、工程领域、科学领域、艺术领域、健康领域等方面,构建"卓尔德育课程体系",并以学校重大节日课程为呈现,科学、有效地实施"十个一"项目。从六年级开始,我们以生涯规划教育为抓手,发掘学生的发展潜质和潜在价值,来推动学生核心素养的整体提升。依托《职业生涯规划成长手册》和"1+X"七彩阳光工作室,组织交换生人生规划发布会,开展人生规划教育,并实行德育积分制,助推学生全面发展。

总之,集团课程的统整和融合不是简单的叠加,而应基于儿童立场,寻求学科课程群整合的汇聚点。在集团课程群整合的过程中,我们遵循了以下基本逻辑:体察儿童的发展需求,尊重、满足、开发儿童的成长需求,是课程群建设的基点;丰富儿童生活经验,培养儿童,是课程群建设的重点;奠基儿童的生命成长,为儿童的发展奠定宽厚的基础,是课程群建设的落脚点。

案例73

敦煌文化与中小学研学课程衔接研究

青岛为明学校

青岛为明学校以"培养具有中国灵魂、世界眼光的现代人"为办学宗旨,将中华优秀传统文化的传承融入教学、研学与活动之中,实现了国学传统文化的创造性转化和创新性发展。其中,"至美敦煌,余韵未央"历史文化课程的开发和应用便是学校为学生筑牢"民族根"的典型案例。

为什么选择敦煌文化?因为敦煌文化荟萃中西,其价值得到著名学者季羡林的高度肯定。

学校选派骨干教师,参与中国教育学会"十三五"科研规划课题"如是敦煌"的研究,远赴敦煌考查学习,收集一手资料,并立足校情、学情,在课程目标、教学原则、课程内容、课程实施策略等方面反复论证,开发出"至美敦煌,余韵未央"研学校本课程。学校教科研主力团队结合国家"一带一路"政策,立足中小学课堂实践,对敦煌文化加以整合,编制课程纲要和《敦煌历史文化手册》,采取选修课程与专题讲座结合的授课形式,并与社会机构合作研制详细研学活动方案,建立符合中小学生认知水平的课程体系,以此来弘扬中国优秀历史文化。

课程创新之处颇多,如研究敦煌文化不再以莫高窟为唯一对象,弥补了中小学现行教材对莫高窟以外敦煌文化的忽视;突破"敦煌学"范畴,将敦煌深厚文化底蕴融入中小学课程教学中,便于敦煌文化的传播和知识的普及。各学科将敦煌的历史价值、文学价值、科学价值、艺术价值、道德价值应用于课堂中,既补充了学科国家课程,调动了学生的感官,增加课堂教学趣味性,又提升了学生的文化自信,成功开展了爱国主义教育和文保意识教育，一举多得。

在青岛市教育学会 2018 年年度教育研究课题评选中，青岛为明学校的《"至美敦煌，余韵未央"——敦煌文化与中小学研学课程衔接研究》被评为"领军项目"优秀奖。

案例74

中小衔接　助力成长
——青岛长沙路小学毕业课程探索
青岛长沙路小学

对于学生来说，从小学升入初中是里程碑式的跨越。小学与初中的教育思想、教学模式都存在一定程度的差异。正确把握这种差异，有效开展衔接课程，能够帮助学生实现顺利过渡，以积极的态度投入新的学段的学习。

一、融合资源，互通互学为衔接课程做准备

从小学升入初中，是学生学习阶段的一个重要转折点。告别原来熟悉的环境，学生要面对新老师、新同学、新的学习环境，还有学习内容、学习深度上的跳跃，学生难免会有不适应。因此，我们与弘毅中学融合资源，互通互学，合力开展衔接课程。

（一）提高教师自身素质，为衔接课程奠定基础

作为小学教师，对于初中的教学方式、具体要求，我们只有耳闻，而无详细了解。于是我校采用"走出去，请进来"的方法来增长教师的见识，拓宽教师的工作思路。我们与弘毅中学的教师交流，相互学习各自的教学方法，取长补短，从而缩小中小学教学的差异。这也为我们开展的衔接课程奠定了基础。初一的语文、数学、英语教师介绍了他们平日的教学情况与要求，一一解答了我们的疑问。一场别开生面的经验交流会，让我们多角度地了解衔接阶段教师的教学情况和学生的学习状况以及不同年级的教学要求，为做好衔接课程相关工作掌握了第一手材料。

（二）开展教研

小学阶段学习内容较简单，而初中不但科目增多，而且知识的难度与授课速度都有所增加。学生初入中学会很不适应。因此，在小学高年级学段教师必须改变教学方式与方法。于是，我校高年级教师成立了教研小组，在了解初中的相关知识基础上，针对初中对学生的要求，展开了集备教研。教学中，高年级教师注意以发散的方式增加一些新知识，来满足学生的求知欲，让学生提高学习兴趣，扩大知识面，为进入中学打好基础。自信心、意志力等非智力因素往往是决定学生到中学后能否很快适应的重要因素，因此，高年级教师要注重培养学生的独立性，改变一包到底的保姆式教育，为学生灌输独立意识，让学生意识到自己和教师一样是独立的个体，学习是自己的任务，自己要为自己的行为

负责。

二、潜移默化,衔接课程在课堂中渗透

(一)学生大讲堂——学长来支招

我们请初一的学生为我校六年级学生进行经验交流,介绍初中的学习生活。学生听得认真,感悟深刻。"听了学长的一番肺腑之言,我了解到初中学科的增加与作业的变化。由小学的 3 门学科转换到初中的 7 门学科,我们需要提前适应。课前要预习知识,上课要做笔记,课后有不懂的及时问老师。""我十分感谢学姐传授的学习方法,我受益匪浅。从现在开始,我也要更加努力,掌握技巧,拓宽知识面,为进入初中做好准备"……潜移默化中学生对初中生活有了了解,认识到自己即将面临的变化,为能够平稳顺利过渡做好准备。

(二)衔接课程进入课堂——学会积累,学习方法

1. 学习方法——从接受性到理解性

小学生的学习主要是眼看、手写、记住,而到了初中,要求学生对知识充分理解,并学会用思维去分析这些知识点。进入初中以后,学生所学由直观的、感性的、零碎的知识点变成了更为完整、系统的知识体系,并更加突出能力要求。因此在衔接课堂中,我们要培养学生多提问、多思考、多总结的学习习惯。学生一要学会做好课前预习,上课时带着问题听课;二要在课堂上做好笔记,让课后复习效率高;三要做好课后的复习和练习,巩固提高。

2. 学习行为——从随意性到目标性

小学教师助学,面面俱到地帮助学生学,学生对教师的依赖性大。中学教师逐渐放手让学生自己学,自己完成作业,支配课余时间。这使小学一些懒惰、毅力较差的学生会产生厌学和无所适从的感觉。因此,培养学生良好的学习习惯就显得尤为重要。我们将衔接课程带入平日课堂,教学中注重学法指导,如从要求学生制订学习计划开始,逐步在听课、预习、复习、阅读、记忆方法等方面对学生进行反复的具体指导和训练、强化。另外,我们在教学中也注意小学和中学知识的衔接,使学生在学习上循序渐进,树立学生对学习的信心,激发其学习兴趣。

三、春风化雨,衔接课程注重心理成长

根据六年级小学生心理发展特点和身心发展规律,我们有针对性地对学生实施心理健康衔接课程,开发学生的心理潜能。这对于培养学生良好的心理素质、预防各种心理疾病、促进身心全面和谐发展有重要作用。我们把心理健康教育贯穿于班级的教育教学活动之中,以心理健康教育为基点进行学生的素质教育。

1. 心理衔接课程——心理辅导

心理辅导活动就是以培养学生良好心理素质为目的,以学生为主体,在教师指导下

进行的专门活动。班主任利用班会课给学生进行心理辅导,如心理班会"让友情进行到底""心理训练营""克服考前焦虑"等。我们利用毕业典礼让学生回顾自己的小学生活,展望未来,做好迎接初中学习的准备。拓展活动也是一个很好的心理教育活动,让学生在活动中互帮互助、协同合作。

2.心理衔接课程——经典著作进入学生生活

我们组织学生阅读名人传记、名著佳作,让学生在榜样的引领下,让心灵得到沐浴,使心理更强大。

3.心理衔接课程——"一封家书"

有些学生内向,不敢咨询或主动找老师帮助,老师就以这种暗中往来的方式去帮助他们打开封闭的心房。班主任老师接受学生的便条、信笺等,并以书写的形式进行解答。还主动给学生写便条、信,嘘寒问暖。大爱无疆,能融化心灵的冰墙;大爱无痕,润物细无声。

4.心理衔接课程——学会自强自立

陶行知先生说:"先生的责任不在教,而在教学生学。"叶圣陶先生说:"教的目的是为了不教。"让每一个学生拥有自我调节的能力,才是进行心理健康教育的终极目标。虽然学生有其局限性,不过当今时代的学生毕竟思维活跃,知识面宽,独立性强。我们充分调动学生的积极性,让学生自己调整心态,让学生帮助学生,这样心理健康教育会更有效果。我们还邀请这方面的专家给学生介绍方法,教学生关怀真实的自己,学会反思,学会互助,学会适当宣泄,学会压力管理。

四、家校合作,衔接课程引领家长

在衔接课程中我们为六年级学生的家长特别安排了专门的课。

(1)"小升初教育专题"家长沙龙。我校邀请了弘毅中学的领导和班主任老师给我校六年级学生家长进行了一次"小升初教育专题"家长沙龙。活动中,老师通过讲述小明的一天,给家长介绍了成为一名初中学生后,小明需要做什么,怎么做。家长积极做笔记,积极提问,活动后主动与老师沟通。活动取得了良好的效果。

(2)初小衔接家长如何做准备。孩子即将升入初中,家长在孩子生活和学习中出现了许多困惑以及着急的心理。班主任老师通过各班级家长QQ群、微信群及时给家长答疑解惑,指导家长了解初中学习内容和学科的变化。老师建议家长培养孩子做一周学习安排,形成做学习计划的习惯。只有家校共同努力,才能更好地帮助学生做好步入初中的准备。

衔接课程贯穿于整个小学高年级学段,其最大的意义是打通了中小学教学与管理的壁垒,做到了无缝衔接、有效沟通。在教师的引领下、家长的督促下,学生能够顺利过渡。

案例 75

"小初衔接"数学课程培养学生自主学习能力的方法研究

青岛为明学校

小学和初中的学段衔接是学生成长过程中的重要环节。为进一步加强小学与初中的衔接,我校积极寻找自然衔接的最佳途径、方法,摸索出一套科学的小初衔接教学方式,在数学学科教学衔接、学生学习能力培养方面进行了有益的研究和探索。

一、明确小学学习与初中学习的异同

初中是小学到高中的过渡阶段。处在这个阶段的学生心智成长快,接受能力强,可塑性强。与小学阶段的学习相比,初中阶段的学习会表现出以下明显的差异。

1. 教学内容和学习要求有所不同

小学课堂比较活泼,教学容量小,作业量少,注重基础知识的学习和巩固,重视思维的培养和记忆。初中课堂教学容量大,内容深,进度快,科目多,在注重基础知识学习的同时,更加注重对知识的理解和运用。

小学数学课程基本以专题为主,如行程问题、组合计数专题,各版块内容之间联系不大。而初中数学则变成了更为完整、系统的知识体系,环环相扣,如果前边的基础没有打扎实,后面的课程很难学好。

小学数学更多的是数的运算,而初中数学更多的是代数式的运算。

中小学在思维训练上也有所不同。小学以正向思维为主,由已知条件推得结果,而中学则开始注重逆向思维的训练,由结果反推出已知条件。

2. 学习习惯对学生成绩的影响深远

众多的实例说明,有相当一部分学生在小学成绩很好,进入初中阶段,会渐渐被其他同学超越,且越往高年级越明显。究其原因,是这部分学生没有或者不会很好地运用好的学习方法和思维习惯,没有形成快速解决问题所应具备的能力。因此,小学学得好,不代表初中一定就能学好。

小学内容相对简单,学生即使学习习惯不好在成绩上也很难拉开较大差距。但是进入初中,随着难度和内容的增加,小学学习习惯不好的学生的缺陷被放大。所以学习习惯对初中成绩的影响是深远的。

而那些优秀的学习习惯,很多都是从小学逐渐养成并一直保持到中学的,包括课上记笔记、整理错题本、课后复习总结、不懂就问等。

3. 学习成绩分化日趋激烈

科目增加,内容不断加深,再加上初中学生心理的波动和生理的变化,使得初中生的学习成绩波动很大,同时出现激烈的分化。分化主要体现在两个阶段:第一阶段是初一开始接触几何的时候,没经过训练的学生就会处于劣势,因为规范、完整的作答过程是需要持续训练一段时间的;第二阶段是初二学习全等三角形的时候,因模型多且复杂,学过后很容易忘记,这就需要学生在平时的练习中反复理解和记忆,缺乏思考和练习的学生的成绩很可能会落后。

4.学生的自主学习能力愈发重要

初中对学生在学习上的独立性和自觉性的要求逐步提高。随着学习内容的增加和难度的增大,在课上有限的时间内,极少有学生能当堂把内容全部消化,即使消化了也很快会忘记。这就需要学生课后自觉复习所学内容,并找对应的课外习题同步训练,做到温故而知新。

提前学习也是一件十分重要的事情。学习难度不断加大,如果不提前学习,很难保证课堂听讲效果,长此以往容易形成恶性循环。因此,自学能力的培养就显得尤为重要。

二、找准衔接点,养成自主学习能力

1.内容的衔接

虽然小学和初中的数学教材都是围绕"数与代数""空间与图形""统计与概率"展开,但是从具体内容来看,小学的知识内容是具体形象的,而初中的知识内容是抽象的。

第一,从"算术数"到"有理数、实数"的过渡。从小学到初中,数的概念在"算术数"的基础上扩充到实数,运算关系也在原来的四则运算基础上引入了乘方、开方等。因此,小学老师要注意处理好两个方面:一是要在算术数的基础上,通过广泛的实例引导学生真正理解负数的意义;二是要加强对小学范围内符号法则的教学。初中老师也要注意两个方面:一是让学生了解有理数、实数的产生与应用的过程,从而更好地理解产生这些数的意义;二是针对学生计算能力差的情况,找出原因,探寻对策。

第二,从"数"到"式"的过渡。小学数学主要是学习具体的数,而初一数学建立了代数式概念,研究的是代数式的运算,这种由"数"到"式"的飞跃,是学生在认知上由具体到抽象、由特殊到一般的飞跃。小学老师在教字母表示数和建立方程时,除了完成知识性目标之外,一定要重视学生的数感、符号感。初中老师在要求学生掌握必要的基础知识与基本技能的同时,要注重数感、符号感以及方程模型的建立。

第三,解题格式上的过渡。在初一的几何教学中,证明对学生来讲是很陌生的。小学老师在具体的教学中,适当穿插一些说明题,让学生逐步开展推理;还要注意学生推理过程的逻辑性和解答过程的完整性。初中老师在合理尊重教材的前提下,根据学生的实际情况,要创造性地使用教材,逐步强化训练学生的逻辑推理能力,严格规范证明的书写步骤。

第四,解答方法上的过渡。用算术方法解应用题与用代数方法解应用题之间有着密切的联系,也就是多种类型的应用题的基本关系式不变,但它们的思维方法各异。算术方法的特点是逆推求解,而代数方法则是顺向推导。学生由于受思维定式的影响,到初中用代数法常感到不习惯。为了解决这个问题,小学阶段的教学,一要强化应用题中常见的数量关系,二要重视引导学生找等量关系,并有意识地指导学生将两种方法进行对比,通过对比使学生体会到代数法的优越性。初中老师可以在讲一元一次方程的时候不要急于强迫学生必须用方程解决实际问题,可以提供给学生一些有针对性的实际问题,让学生用自己喜欢的方法去解决,再带领学生对比,加深方程建模的思想,培养学生使用方程这种工具的意识。

2. 方法的衔接

小学强调算术方法和运算小技巧,缺少严密性训练和系统性的教学,而初中强调数学方法的传授和数学思想的渗透。数学思想、方法是数学知识体系的灵魂,积累和形成一定的数学思想、方法,会对学生以后的学习起到至关重要的作用。

小学老师在教学中一方面要将教材内的数学方法、思想在各年级落实到位;另一方面在六年级总复习时要将小学阶段的数学方法、思想进行梳理。小学老师特别要注重转化思想、数形结合的思想等的渗透。

初中老师在教学过程中更要注重从具体问题情境中抽象出数学问题,使用各种数学语言表达问题,进一步注重转化、数形结合、归纳、演绎等,提高学生的数感、符号意识、运算能力等。

3. 教法的衔接

小学数学教学中,老师讲得细,带学生练得多,选择比较直观形象的课堂例题,更注重带领学生经历知识形成的过程。初中老师讲得精,带学生练得少,选取的课堂例题抽象性又比较强。而接初一课程的老师一般刚带完初三,他们往往用初三复习时应达到的难度来对待初一教学。这些原因造成了小学、初中老师教学方法上的巨大差距,这种差距使初中新生普遍适应不了初中老师的教学方法。

小学老师在带领学生经历知识形成过程的同时,也要重视对结论性知识的理解和表述。小学老师可以结合学生的生理和心理特点,从学生的认知结构和认知规律出发,补充一些相对比较抽象的、推理性比较强的题目,做好教学方法上的衔接。

初中老师要根据学生的实际情况选择合适的教学方法,可以从学生年龄、已有的数学知识、数学能力等方面加以调整,思考多种新的教学方法,如问题教学法、小组合作式教学法、探索发现式教学法、学案导学式教学法、创新式教学法。

4. 学法的衔接

许多学生进入初中后,还像小学那样有很强的依赖心理,没有掌握学习主动权,表现在不订计划,坐等上课,课前没有预习,对教师要讲课的内容不了解,上课忙于记笔记,没听到"门道"。

为了提高自主学习能力,学生在小学阶段就要十分注重良好学习习惯的培养,从而逐渐养成学会学习的能力。小学突出"三个注重",初中强化"三个养成"。

小学阶段特别是高年级段老师要突出"三个注重"。

(1)注重预习。预习实质上是学生自学的开始。当然,让学生超前预习有一些弊端,特别是对学习能力较弱和学困生来说难度较大。小学老师可以选定适合预习的教学内容,指导学生进行预习,并且在学生预习的基础上进行课堂教学,并对学生的预习方法、方式进行梳理和提升,让学生有预习的意识,有预习方法。

(2)注重复习。小学生课堂学习的主动性相对较高,但是课后自主学习的意识和能力都很弱。小学老师在整理复习课前布置学生预整理的任务,课上让学生对自己整理的结果进行交流,让学生了解一些整理复习的方法和形式。

(3)注重自我反思。小学生普遍的学习状况是"老师指到哪儿打到哪儿",一部分学生认为学习就是完成作业,除此以外自己什么也不需要做;还有一部分学生深陷家长制造的"题海",每天来上一份家庭作业。但是这样的题海战术因为没有针对性,往往效率低下。小学老师可以帮助学生建立错题本,把日常的错题积累起来,分析错因,举一反三。

初中老师特别是初一老师要引导和培养学生学习习惯的"三个养成"。

(1)养成专心听讲的习惯。学习成绩好的学生很大程度上得益于在课堂上充分利用时间。学生课堂上应及时配合老师,做好笔记来帮助自己记住老师讲授的内容,尤其重要的是要积极地独立思考,跟得上老师的思路。在课上要专心听老师讲课,听同学发言,还要勇于发表自己的意见。听课要做到听懂老师传授的知识,并能熟练掌握课堂中所学到的知识。

(2)养成独立作业的习惯。学生必须独立完成作业。只有通过自己的努力完成作业,才能体验到学习成功的快乐。独立思考、善于思考的习惯十分重要,是取得好成绩的制胜法宝,也就是说要善于独立地提出问题、分析问题和解决问题。学会质疑,学会自我寻找答案,都是初中学生必须具备的能力。

(3)养成不懂就问的习惯。有的学生基础不好,学习过程中老是有不懂的问题,又羞于向人请教,结果是郁郁寡欢、心不在焉,很难提高学习效率。老师要鼓励学生勇于向人请教,不懂的地方一定要弄懂,一点一滴地积累,一定能进步。学习不能光学不问,只有多向别人请教,才能丰富自己的知识,了解更多的信息,从而变被动为主动,变后进为先进,树立信心。

研究实践证明,养成良好的学习习惯,找到适合自己的学习方法,形成自主学习能力,树立学习的兴趣和信心,才是小初衔接的最终落脚点。

案例76

对小初衔接的探索

青岛为明学校

青岛为明学校是一所十二年一贯制学校,做好中小学教育教学的衔接,对于学校的整体管理和教育教学质量的提高具有重要的意义。

小初衔接教育是指小学和初中这两个学段之间的互相连接和过渡,要从"师与生、教与学"进行"衔接",主要解决如何铺垫搭桥,引导学生顺利过渡的问题,促使"教与学,师与生"尽早、尽快相互适应,协调运转,使学生顺利完成由小学到初中的过渡。

为促进我校小学与初中教学的有效衔接,精准把握小学和初中在教学上的衔接点,让学生迅速适应新学段的学习生活,高质量搭建学段间衔接之桥,整体提升小学和初中的教学质量,让学生平稳顺利完成小学与初中的衔接,我校充分利用办学的有利条件,整合中小学师资力量,研发衔接教材,开设衔接课程,组织开展系列小初衔接主题活动,寻求小初衔接的有效途径。我校具体从以下六个方面开展了积极的探索和实践。

(1)做好师生的心理衔接。学校聘请心理健康教师开设少男少女课堂之"心向阳光,静待花开"五、六年级青春期讲座,帮助学生认识此阶段的自我,给予学生更多关爱,提升教师对学生心理的重视程度,让他们充分把握这两个年级学生的身心特点。教师用知识和爱心去化解学生的不适应感,学生产生知心感和被尊重感,从而将师生关系推向良性、和谐的发展。

(2)做好知识体系的衔接。为了适应我校十二年一贯制的特点,按照西海岸新区教体局关于小初衔接的意见,我校结合实际,在原有教学进度的基础上加快了六年级的教学节奏,并设计了与初中衔接的教学内容。我校按照略高于小学课标要求专门设计小学毕业课程;按照小学兼顾初中的教育教学要求,循序渐进,进行知识点的衔接教学,为六年级自然过渡到七年级打下坚实的基础。

(3)做好教学方法的衔接。进入衔接模式,教学密度加大,教学要求提高,教学进度加快,知识更广泛,题目难度加大,教学方法要与初中的教学方法紧密衔接,转向注重由学生自己去思考、去解答,注重对学生思想方法的渗透和思维品质的培养。为尽快让六年级教师适应初中的教学方法,消解教学思维障碍,学校接下来将尝试让六年级教师到七年级教师的课堂听课,从而深入了解七年级的学情、教法、作业的特点,把衔接工作落实在日常教学中。

(4)做好学习方法上的衔接。小学和初中都在使用自主探索、合作交流、小组合作展示学习法,在这方面的衔接会比较容易。

(5)做好学习习惯的衔接。尽力在小学阶段培养学生养成良好的学习习惯,如做作业认真、字迹工整、坐姿端正、科学安排时间、勤于思考、善于观察、大胆想象、勇于探究,为上初中打好基础。教师要指导学生掌握正确的学习方法,课前自觉预习,做作业时独立思考,学会小结、归纳。

学校专门制定小初衔接的良好习惯培养内容及目标十条,包括课前预习习惯,专心听讲习惯,合作学习习惯,作业习惯,纠错习惯,记忆习惯,阅读习惯,留心周围事物、认真观察的习惯,积极参加实践活动的习惯,总结反思习惯。

(6)做好教学评价方式的衔接。在展课活动中,授课教师均做到了关注小初教学的差异,关注课堂中的师生关系、教与学的过程。教师能够以教材为介,抓准重点,遵照课程标准灵活使用课外教学资源,及时科学引导、评价学生的学习活动,注重学生的学习方式、学习习惯的培养、思维品质的形成过程。学校针对六年级的小初衔接提出了课堂的评价标准,如下所述。

第一,教学方法是否体现出教师的主导,学生是课堂学习的主体,教师转变为学生学习的组织者、引导者与合作者的角色。

第二,学习方式是否体现了探究合作、主动探索、合作交流。

第三,学习习惯、方法的教育是否体现在平时的日常授课中。

第四,培养学生的自主能力是否作为教学目标和任务。

学校举办"小学升初中,你准备好了吗?"专题讲座,采取师生互动的方式,运用生动的事例,深入浅出地为学生揭开初中学习生活的神秘面纱,告诉学生该从哪些方面做好"小升初"的准备。学校通过形式多样的教育活动,促进学生良好学习习惯、学习方法的形成,为升入初中做好一定的准备。

案例77

小初衔接过程中对自主学习能力培养的探索

平度经济开发区厦门路小学

学生进入初中后,自主学习能力对提高学习效率更为重要。我校在小初衔接过程中对学生的自主学习能力培养方面做了以下几方面的探索。

一、注重预习,培养自学能力

课前,我们让学生在预习中养成遇到困难主动使用工具书的习惯。学生凭借已有的知识、经验和方法独立思考,自主探究新知识。当他们带着自己亲身研究的体验与感触走进课堂时,就能踩着已有基点继续前行。因为有了感触,所以有了进一步探索的兴趣。学生有了兴趣,能主动参与了,学习的效果当然就好了。

在六年级我们尝试使用导学案或导学单,结合教学目的、重点、难点,结合学生的认知水平,引导学生逐步掌握自学的方法,让学生明确探究什么、解决什么问题,使学生有章可循,有的放矢。要求学生预习时,首先,大致浏览教材中的有关内容,掌握本节知识的概貌;其次,对重要概念、公式、法则、定理反复阅读、体会、思考,注意知识的形成过程,在难以理解的地方做出记号,多问些"为什么",以便带着疑问去听课,这样学起来会更轻松;再次,完成导学案,对有疑问的地方重点做好标记。

二、注重过程,搭建学习支架

学生自主学习的能力,是在学习过程中培养出来的。当今教育改革要尊重学生,尊重学生的思维建构。这种尊重是为了引领学生更好地、自主地学习。因此精心设计学习过程尤为重要。在此方面,我们在课堂上采用支架式教学。授之以鱼不如授之以渔,为学生搭建支架,有利于学生自主学习能力的提高。支架种类繁多,不同的课程或同一课程的不同课型会有不同的支架。我们采用教师自主设定,教研组研讨拓展,教师在课堂实践中修改的方式,打造适应课堂和有效辅助学生学习的支架。例如,语文课上,在学习古文时,教师引导学生探讨并写出学习古文的方法,让学生学会运用这些方法学习古文,由此举一反三。当学生再遇到古文时,他们自己也会运用学到的方法自行学习古文。在课堂教学中,以学定教,深入了解学生,精准把握学情,针对学情去突破教学的重点,分解教学的难点。课堂上教师让学生尽量自己去思考、探究、创新,不满足于学生按照自己设计好的教学思路去回答问题,引导学生敢于提出不同的思路、见解,敢于质问老师。对学生在课堂上表现出的哪怕是一点点创新思维的火花,教师都及时给予表扬,给予充分肯定,让学生感受到成功的喜悦。新课程教材为自主学习也提供了良好的机会,包括探索发现、科学视野、实践活动、思考与交流等,教师可充分利用这些多样化的教学活动,为学生提供自主学习、亲身体验、合作交流的机会,培养学生自主学习的兴趣,不断唤醒学生的主体意识,培养学生自主学习的能力。

三、小组合作,激发学习内驱力

"自主"与"合作"就像两个半球,结合起来,才能更好地滚动发展。创设合作情境的首选做法是变传统的"插秧式"排座位为 6 人一组的"对脸坐"。小组划分按照"AABBCC"进行,这样能充分发挥小组合作学习的作用,实现差异互补,提高自主学习的质量。合作小组中,每个成员既当学生又当"老师",充分展现"兵教兵,兵练兵,兵强兵"的战略,体现生生互动,师生互动。在全班分小组讨论之时,教师关心每一个小组的讨论情况,有重点地参与一、两个小组的讨论。学生通过小组内的相互帮助、共同商讨,不但对问题有了更深的理解,而且学习的自主性也得到了充分展现。在小组讨论之后,学生热情高涨,教师应抓住时机,因势利导,开展组间交流。学生通过讨论、争辩,在处理信息的过程中相互交流,相互补充,增强了学生主动参与与合作解决问题的意识。

例如,数学课堂可以采取"后茶馆式"教学,采取读读、练练、议议、讲讲、做做的方式,教师先让学生自学,然后做练习,做练习时可以找 B 类学生黑板板演,然后小组交流、讨论。针对 B 类学生暴露的问题,先让 A 类学生解答,接着教师再将重点和难点进行集体指导。最后再进行当堂检测,可以让 C 类学生板演,如果 C 类学生都回答正确了,那说明本堂课基本完成教学目标;如果有错误,再根据出现的问题进行指导、强调、总结。

这种形式的交流,对于学习能力强的学生来说是一种鼓励、肯定;对于学习能力稍弱的学生来说,则是一种启发、帮助。学生学会了学习方法,会更喜欢学习,学习信心会更足。使课堂知识伸缩自如,让学生能够积极、快乐地参与学习,享受学习的过程,感受到成功的喜悦感,可以使课堂教学收到良好的效果。

总之,学生主动学习的精神,需要老师经常地启发、点拨和引导,需要长期地、有计划地进行培养。只要我们在教学中给予足够的重视,并不断地培养和训练,久而久之,学生自主学习的能力一定会得到发展。